G

Viena

Autor: Carole Chester
Naturaleza y paisaje: Paul Sterry
Asesor: Ingrid Morgan
Traducción: José Casas
Edición: Luis Bartolomé

Se considera que el contenido de la obra es correcto en el momento de su publicación. No obstante, el editor declina cualquier responsabilidad sea por errores, omisiones o cambios producidos en la información que se proporciona.

© The Automobile Association, 1992
© de los mapas: The Automobile Association, 1992
© de la traducción española: Grupo Anaya, S. A., 1992
© de la presente edición: Grupo Anaya, S. A., 1992
Telémaco 43, 28027, Madrid
ISBN: 84-207-4332-1

Foto de la cubierta: Stephansdom

Procedencia de las fotografías:
AUSTRIAN TOURIST BOARD: 20 Vienna Boys' Choir, 32/3 Kaiserappartements, 34 Kaiser's Crown, 35 Kapuzinerkirche, 48 Spanische Reitschule, 64 Dürnstein castle, 66 Melk.
MARY EVANS PICTURE LIBRARY: 10 Maria Theresa, 13 Johann Strauss, 14 Universal Exhibition.
NATURE PHOTOGRAPHERS LTD: 72 White stork (P R Sterry), 73 Great reed warbler (K J Carlson), 74 Sand lizard, 77 Apollo butterfly (P R Sterry).
DAVID NOBLE realizó el resto de las fotografías, que pertenecen al Archivo Fotográfico de A. A.

INTRODUCCIÓN	4	**COSTUMBRES LOCALES**	103
HISTORIA	7	**NIÑOS**	104
LUGARES DE INTERÉS	16	**PRESUPUESTOS AJUSTADOS**	106
NATURALEZA Y PAISAJE	71	**FIESTAS Y CELEBRACIONES**	107
GASTRONOMÍA	79	**DEPORTES**	109
COMPRAS	91	**INFORMACIONES PRÁCTICAS**	110
ALOJAMIENTOS	94	**IDIOMA**	124
OCIO Y ESPECTÁCULOS	98	**ÍNDICE**	126
CLIMA. CUÁNDO IR	103		

Este libro utiliza un sistema de clasificación sencillo para ayudar a decidir los lugares a visitar:

◆◆◆ Interesantísimo
◆◆ Interesante
◆ De cierto interés

INTRODUCCIÓN

La ciudad de Viena, situada en el extremo nordeste de Austria, es desde hace mucho tiempo encrucijada de Europa, lugar donde confluyen el este y el oeste y en el que el *goulash* húngaro, el café turco y la hospitalidad europea son verdaderas instituciones. Durante seiscientos años, los Habsburgo tuvieron su corte aquí, recibieron embajadas de los rinco-

En el límite de la ciudad vieja, el Burgtheater es el centro más importante del teatro en lengua alemana.

nes más alejados del Sacro Imperio Romano, se anexionaron los pueblos vecinos y repelieron invasiones que con demasiada frecuencia alcanzaban las mismas puertas de la capital. En medio de estos episodios bélicos y de estas intrigas diplomáticas, los vieneses crearon un estilo de vida apacible y enormemente refinado, que es uno de los grandes atractivos de la ciudad.

La nata batida y los valses son dos de los bastiones de la vida social vienesa. La primera se puede tomar en las magníficas cafeterías y *Konditoreien* (pastelerías) de la capital, locales en los que se sirven los más variados y tentadores dulces. *La leyenda de los bosques de Viena* y *El Danubio azul*, de Johann Strauss, simbolizan la alegría de los bailes que se celebran en los palacios vieneses, sobre todo en Navidad, época en la que se asiste también a la apertura de los mercadillos navideños. Un tercer bastión es el brillante panorama musical. En Viena vivieron figuras tales como Mozart, Beethoven, Haydn, Schubert, Brahms, Bruckner o Mahler, y los vieneses están orgullosos de ello; así que se celebran numerosas veladas musicales durante el verano.

Se recomienda reservar entradas en el caso de algunos conciertos especiales y de las funciones dadas por los Niños Cantores de Viena. Además de todos estos espectáculos, Viena es en sí misma un magnífico escenario. Mary Wortley Montagu escribió en 1716: "Es una ciudad muy grande, compuesta casi por completo de deliciosos palacios". El Belvedere, el Schönbrunn y el imponente Hofburg son los más destacados. El casco antiguo (Innere Stadt) está rodeado por la Ringstrasse, arteria abierta por el emperador Francisco José en el siglo pasado y que ostenta un sinnúmero de palacios apenas menos suntuosos que los antiguamente erigidos por la nobleza. Una excursión a Dürnstein permitirá contemplar las ruinas de un castillo del siglo XII en que el duque Leopoldo V tuvo prisionero a Ricardo Corazón de León.

Además de los nutritivos pasteles, Viena cuenta con variados y generalmente copiosos platos. Hay dos clases de establecimientos

INTRODUCCIÓN

tradicionales de bebidas que vale la pena investigar y en los que también se suelen servir comidas: los *Beisl*, una especie de acogedoras tabernas; y las *Heuriger*, donde se expenden vinos jóvenes procedentes de los viñedos locales. Existen varios establecimientos de este tipo en la ciudad, pero los más genuinos son los que se encuentran en los viñedos del extrarradio.

En esta guía se encontrará un completo muestrario de lo mejor que ofrece la ciudad y el modo de sortear las dificultades.

La elegante columnata dieciochesca de la Gloriette se alza sobre los jardines de Schönbrunn.

HISTORIA

Los romanos llamaron a Viena *Vindobona* cuando llegaron en el siglo I d. C. antes de rechazar a los celtas y establecer una guarnición en la actual Innere Stadt. Acudieron desde Bretaña, al mando del emperador Marco Aurelio, para defender la frontera oriental del Imperio Romano. La plantación de los primeros viñedos en las faldas de los montes del Wienerwald (Bosques de Viena) se debió a Probus, sucesor de Marco Aurelio. Después

de los romanos, se apoderaron de la ciudad los godos, los bávaros, los magiares y otros pueblos, hasta que, en el siglo X, los margraves de Babenberg expulsaron a los magiares y crearon un Estado independiente en la ruta comercial del Danubio. Como recompensa a esta hazaña, las autoridades del Sacro Imperio Romano nombraron a los Babenberg duques hereditarios de Austria en 1156.

Durante la Edad Media, Austria se convirtió en un país próspero, y Viena vivió su primera Edad de Oro. Se construyó la primitiva catedral románica de San Esteban y las lonjas de San Roberto y San Pedro, y florecieron las artes, lo que atrajo a la ciudad a numerosos comerciantes y artesanos. Debido a su situación, Viena se convirtió en lugar de parada obligada para los cruzados que se dirigían a Jerusalén. En el siglo XIII se erigió la iglesia de San Miguel y varios monasterios y mansiones señoriales de la futura Innere Stadt.

Al extinguirse la dinastía de los Babenberg, Ottokar II de Bohemia tomó las riendas del país y se granjeó el favor del pueblo, que le apoyó en su lucha contra los intentos del rey alemán Rodolfo de Habsburgo por apoderarse de la ciudad. Dicho rey ocupó Viena dos años después, dando inicio así al período de hegemonía de los Habsburgo hasta 1918.

Los Habsburgo

Los Habsburgo, familia alemana procedente de Alsacia cuyo linaje se remonta al siglo X, tomaron este nombre de uno de sus castillos: Habichtsburg (el castillo del Halcón).

Maximiliano I, Carlos V y Fernando I fueron algunos de los jefes dinásticos de esta familia que abandonaron Viena; mientras que Rodolfo IV el Fundador permaneció en la ciudad, creó la Universidad en 1365 y comenzó la reconstrucción de la catedral de San Esteban. Federico III acabó el edificio, fue elegido emperador del Sacro Imperio Romano en 1452 y obtuvo el consentimiento de Roma para elevar a Viena al rango de sede obispal. A finales del siglo XV, Austria se había convertido en una de las piezas claves de la política europea mediante una serie de matrimonios ventajosos, que dieron lugar a la famosa observación del rey húngaro

Conocida como la Steffl, la torre meridional de la catedral de San Esteban alcanza 137 m de altura.

Matías Corvino: "Deja que los otros hagan la guerra, mientras tú, afortunada Austria, anudas matrimonios. Lo que Marte concede a los demás, tú lo recibes de Venus". El matrimonio de Maximiliano I con María de Borgoña, por ejemplo, trajo consigo la incorporación al Imperio de los Países Bajos y la de Borgoña; y el de su hijo Felipe, la de España. De los matrimonios de los nietos de Maximiliano, Fernando y María, se derivó la incorporación de Hungría y Bohemia. Pero no todo fue un camino de rosas para los austríacos. En 1529, el sultán turco Solimán

María Teresa llegó al trono gracias a la Guerra de Sucesión austríaca.

asedió Viena, aunque sin éxito. Una rebelión en Bohemia desencadenó la Guerra de los Treinta Años, lo que trajo consigo la ocupación por parte de los suecos de algunas zonas de Austria. Los turcos volvieron a la carga en 1683 y fueron rechazados hasta los Balcanes en una campaña que convirtió en un héroe al príncipe Eugenio de Saboya, el cual celebró su victoria encargando a Lukas von Hildebrandt, antiguo arquitecto militar, el diseño del magnífico palacio del Belvedere. Era la época del Barroco, y Viena se transformó en un irresistible centro de atracción para músicos, artistas y nobles. Arquitectos como Von Hildebrandt, Johann Bernhard Fischer von Erlach o el hijo de éste, Joseph Emanuel, proyectaban imponentes monumentos, edificios públicos o iglesias y grandiosos palacios bajo el mecenazgo de los Schwarzenberg, los Auersberg y los Lichtenstein. Carlos VI trató de recrear El Escorial en Klosterneuburg; se diseñó la Karlskirche con la intención de emular la basílica romana de San Pedro; y se amplió el Hofburg con el fin de que rivalizara con Versalles.

En 1740 la emperatriz María Teresa subió al trono. Mujer bondadosa y preocupada por el bienestar de su pueblo, María Teresa creó la llamada farmacia imperial, institución que proporcionaba asistencia médica gratuita a los criados de palacio, e implantó la vacunación contra la viruela. Amante de la música, solía organizar óperas y conciertos en el palacio de Schönbrunn, su residencia veraniega. El director de orquesta era Christoph Gluck, padre de la ópera moderna, mientras que Joseph Haydn y Wolfgang Amadeus Mozart cantaban en el Coro de los Niños Cantores de Viena. Junto con su marido, Francisco Esteban de Lorena, María Teresa llevó las riendas del Imperio a lo largo de tres guerras (que desembocaron en la pérdida de Silesia), introdujo reformas en el gobierno y en el sistema fiscal y fortaleció las arcas imperiales. José II, que sucedió a su madre en 1780, se embarcó en una serie de reformas extremas que hirieron los sentimientos conservadores del pueblo. Pero la tranquilidad llegó con Francisco II, quien atajó de forma radical cualquier tipo de influencia revolucionaria proveniente de Francia, donde habían guillotinado a su hija María Antonieta.

La ocupación francesa
En 1804 Francisco II renunció al título de emperador del Sacro Imperio Romano y se convirtió en el emperador Francisco I de Austria. Entretanto el ejército francés había ocupado Viena en 1805 y Napoleón se había instalado en el palacio de Schönbrunn. Cuando los

franceses volvieron en 1809, el emperador Francisco I decidió salvar lo que quedaba de su imperio, casando, en 1810, a su hija María Luisa con Napoleón. A la caída de éste, la capital de Austria recuperó su protagonismo con motivo de la celebración del Congreso de Viena. Francisco I dejó en manos de su hábil primer ministro Metternich la grave tarea del reparto de la Europa napoleónica, mientras él organizaba bailes y conciertos para complacer a Wellington y al zar de Rusia. Después Viena disfrutó de una etapa de paz que duró treinta años y que se conoció con el nombre de *Backhendlzeit* (la era del pollo asado); fue una época alegre en la que Beethoven se granjeó el favor del público y los Strauss sentaron las bases del vals. En 1848, la revolución se apoderó por breve tiempo de las calles de Viena. Metternich se vio obligado a dimitir, y el sucesor de Francisco I, el inepto Fernando, abdicó en su sobrino Francisco José, que con-

El Kunsthistorisches Museum atesora innumerables obras de arte.

La tradición musical de Viena es soberbia y se remonta a Mozart, Haydn, los Strauss y Mahler.

taba a la sazón dieciocho años de edad. El emperador Francisco José, al que los austríacos siguen llamando el "viejo caballero", gobernó durante sesenta y ocho años, período de tiempo en el que ejerció una política exterior en gran medida desastrosa, pero del que Viena saldría enormemente beneficiada. La idea que tenía el emperador de lo que debía ser una gran capital europea dio lugar a la construcción de la Ringstrasse, calle que, con sus elegantes mansiones, sirvió de modelo a la arquitectura vienesa durante medio siglo. Francisco José importó mármol de todo el mundo para construir el Kunsthistorisches Museum; erigió el Burgtheater, la Ópera y el Ayuntamiento. Se casó en 1854 con Isabel de Bohemia, la famosa emperatriz Sisí, quien solía ausentarse de la Corte por considerarla aburrida. Tras el suicidio de su hijo Rodolfo en 1889, viajó por toda Europa antes de que la asesinaran en Ginebra en 1898. El último acontecimiento importante presidido por los Habsburgo fue la Exposición Universal de 1873, cuando la nueva Ópera, los teatros, las salas de conciertos y los museos atrajeron visitantes de toda Europa. Sin embargo, representó el final de toda una época. El asesinato en Sarajevo del archiduque Francisco Fernando, heredero de la Corona, desencadenó la Primera Guerra Mundial. Al emperador Francisco José le sucedió su sobrino nieto Carlos I, a quien, durante sus dos breves años de reinado, tocó presidir la disolución del imperio austrohúngaro. En 1918, Carlos I se vio forzado a renunciar al Imperio y sus prerrogativas (aunque no a su corona), y huyó con su esposa del palacio de Schönbrunn a su pabellón de caza.

La Exposición Universal de 1873.

La República

Tras la derrota y la disolución del Imperio después de la Primera Guerra Mundial, el nuevo gobierno republicano de Austria persiguió la unión con Alemania *(Anschluss)*. En virtud del tratado de paz de Saint Germain

quedó prohibida dicha unión y se impusieron
al país reparaciones de guerra. Austria entró
en un período de agitación política y económica, y en 1933 se suspendieron las sesiones
del parlamento austríaco. Un año más tarde,
el canciller nacionalista Dolfuss resultó muer-
to en el curso de una revuelta fallida de signo
nazi. Fue sólo cuestión de tiempo el que Hitler, tal y como había prometido en su auto-
biografía titulada *Mein Kampf*, obligara al
país a unirse con Alemania al anexionárselo
en 1938. Los aliados liberaron Austria después de la Segunda Guerra Mundial. Las
cuatro potencias vencedoras, la Unión Sovié-
tica, los Estados Unidos, Gran Bretaña y Francia, se repartieron Viena y el resto del país.
Los austríacos reconstruyeron su economía
con ayuda del plan Marshall. En 1955, la Segunda República consiguió por fin la independencia del país tras convertir éste en un
Estado democrático, federal y neutral, encabezado por un presidente honorífico y con un
canciller al frente del Gobierno.

La posguerra fue en su mayor parte una época de crecimiento económico y estabilidad
política. No obstante, a finales de la década
de 1970, el país entró en un período menos
tranquilo como consecuencia de algunos es-
cándalos financieros. La elección de Kurt
Waldheim como presidente, en 1986, dio lugar a un enconado debate sobre su papel en
la guerra. El canciller socialista Sinowatz di-
mitió en protesta por la elección de Waldheim. En las elecciones generales celebradas
pocos meses después, se produjo un gran
aumento del voto nacionalista y derechista,
los Verdes accedieron por primera vez al Parlamento y la coalición del Partido Socialista y
el Partido Popular, que ya había hecho acto
de presencia durante la ocupación aliada, re-
surgió como primera fuerza política.

Hoy en día, Viena es una ciudad próspera, en
la que vive el 20 % de la población total del
país. Los edificios erigidos durante la época
de los Habsburgo dan a la ciudad un aspecto
aristocrático; no obstante, los cafés que se
apiñan en el Opernring y el ruidoso parque
de atracciones del Prater muestran que el es-
píritu de la ciudad sigue vivo todavía.

LUGARES DE INTERÉS

Viena se divide en dos zonas turísticas: la Innere Stadt (centro de la ciudad) y la Vorstadt. La Innere Stadt abarca el casco antiguo, que se encuentra bordeado por el Danubio y ceñido por la monumental calle construida sobre los cimientos de las antiguas murallas de la ciudad: la Ringstrasse de los Habsburgo. Situada alrededor de la catedral de San Esteban, es una zona de callejuelas medievales, iglesias barrocas, elegantes palacios y áreas peatonales en la que se encuentra la mayor concentración de lugares de interés turístico de toda la capital. Como son pocos los autobuses que cruzan el distrito 1°, lo mejor es recorrerlo a pie. Existe también la alternativa de alquilar un *Fiaker*, alguno de los carruajes abiertos y tirados por caballos que recorren las calles de la ciudad desde el siglo XVII.

Cruzando la Ringstrasse, en el conjunto de distritos conocidos con el nombre de Vorstadt, hay también muchos sitios interesantes, por los que se puede pasear y entrar así en contacto con la vida cotidiana de los vieneses.

Lugares de interés de la Innere Stadt

◆◆
AKADEMIE DER BILDENDEN KÜNSTE
Schillerplatz 3
Vale la pena visitar la Academia de Bellas Artes de Viena,

Ayuntamiento de Viena por la noche.

que cuenta con una inmejorable colección de pinturas entre las que se encuentran el *Juicio Final* de El Bosco y un magnífico conjunto de vistas de Venecia pintadas por Guardi, así como obras de Cranach el Viejo, Dirk Bouts, Van Dick y Rembrandt.

Abierto: martes, jueves y viernes, de 10.00 h a 13.00 h; miércoles, de 10.00 h a 13.00 h y de 15.00 h a 18.00 h; sábados y domingos, de 9.00 h a 13.00 h.

◆◆
ALBERTINA
Augustinerstrasse 1
Situada en el extremo meridional del Hofburg, la Colección Albertina de Artes Gráficas es mundialmente famosa. Fundada en 1781 por el duque Alberto de Sajonia, cuenta en la actualidad con unos 40.000 dibujos y más de un millón de grabados, lo que hace de ella la colección de este tipo más importante del mundo. Contiene soberbios ejemplos de pinturas miniadas, ilustraciones de libros, dibujos arquitectónicos de gran valor histórico y caricaturas de carácter político. La colección incluye obras de maestros holandeses, alemanes e italianos del siglo XV en adelante y de grandes artistas

tales como Leonardo da Vinci, Miguel Ángel, Rafael, Durero, Rembrandt, Canaletto y Fragonard. Sus exposiciones son bimensuales, circunscritas a una época o a un estilo. No obstante, las peticiones para ver un dibujo concreto, como *La liebre de Durero*, por ejemplo, suelen ser atendidas.

Abierto: lunes, martes y jueves, de 10.00 h a 16.00 h; miércoles, de 10.00 h a 18.00 h; viernes, de 10.00 h a 14.00 h, sábados y domingos, de 10.00 h a 13.00 h. Cerrado los domingos, de julio a agosto.

ALTE SCHMIEDE
Schönlaterngasse 9
Oportunidad única para visitar una vieja herrería vienesa, cuyo sótano alberga actualmente un museo de piezas de hierro forjado.

Abierto: todos los días, excepto sábados y domingos, de 9.00 h a 15.00 h.

ALTES RATHAUS
Wipplingerstrasse 8
En 1316, el duque Federico el Hermoso regaló esta mansión a la ciudad. La casa hizo las veces de ayuntamiento hasta que se erigió un nuevo edificio en el Ring. La bonita fachada del siglo XVII oculta un patio en el que se encuentra la famosa *Fuente de Andrómeda* diseñada por Donner.

ALTE UNIVERSITÄT
Bäckerstrasse
Aquí, en la Antigua Universidad, vivió Franz Schubert cuando era miembro del Coro de los Niños Cantores de Viena. Fundada en 1365, fue cerrada tras una revuelta estudiantil ocurrida en 1848. Esta situación se mantuvo hasta 1884, año en que se construyó una nueva universidad en el Ring. El edificio alberga en la actualidad la Academia de Ciencias.

ANKERUHR
Hoher Markt 10
El reloj Anker, una de las principales curiosidades de Viena, está situado en un pasadizo frente al mercado Hoher, cruzando la Rotgasse. El pintoresco reloj de Franz Matsch, que la compañía de seguros Anker donó al "pueblo de Viena" en 1912, ilustra la historia de la ciudad en doce partes. Varios personajes históricos desfilan por delante del reloj cuando éste da las horas. A las doce del mediodía comparecen todos ellos, desde el emperador Marco Aurelio hasta Joseph Haydn, pasando por duques, condes, reyes y emperadores.

AUGUSTINERKIRCHE
Augustinerstrasse 7
(junto a la Josefsplatz)
Dependiente en un principio de un monasterio fundado por Federico el Hermoso en 1327, la iglesia de San Agustín era uno de los lugares preferidos de los Habsburgo cuando tenían que celebrar algún acontecimiento importante. Aquí, por ejemplo, fue donde María Teresa se casó con Francisco Esteban de Lorena en 1736, afianzando así sus aspiraciones a ocupar el trono

El reloj Anker: el tiempo de la Historia.

imperial. El templo fue testigo también de la boda por poderes de Napoleón con María Luisa en 1810 y de la boda del emperador Francisco José con Isabel de Baviera en 1854. Esta iglesia es asimismo panteón de los Habsburgo. Uno de los sepulcros más importantes es el de la archiduquesa María Cristina, mientras que

Los Niños Cantores de Viena.

en la Herzgrüfterl (cripta de los corazones) están depositadas unas urnas de plata que contienen los corazones de 54 Habsburgos. Esta iglesia es uno de los mejores lugares de Viena para escuchar música religiosa.

◆
BÄCKERSTRASSE
La vieja calle de los Panaderos está bordeada de edificios pertenecientes a los siglos XVI y XVII. En la actualidad, en su mayoría están ocupados por tiendas de antigüedades y galerías de arte. Son de interés el nº 7, que se encuentra situado frente a la casa donde vivió

Madame de Staël y que cuenta con un patio renacentista; la iglesia barroca de la Asunción, construida en 1627; y el nº 16, un edificio barroco, antiguo restaurante económico cuyos asiduos clientes eran estudiantes.

◆
BALLHAUSPLATZ
En el nº 2 de la Ballhausplatz se encuentra la elegante residencia de los cancilleres austríacos, construida en el siglo XVII. Aquí vivió Metternich, que gobernó el país desde 1809 hasta la revolución de 1848, año en que se vio obligado a exiliarse a Inglaterra. Metternich y sus sucesores modelaron el mapa de Europa detrás de sus muros;

en ella los nazis asesinaron al canciller Dollfuss en 1934; y el presidente Miklas recibió aquí el ultimátum de Hitler antes de la invasión del país en 1938.

◆

BEETHOVEN-ERINNERUNGSRÄUME

Pasqualatihaus, Mölkerbastei 8
Ésta es una de las casas en las que vivió Beethoven en Viena. Erigida en 1797 por un tal Sr. Pasqualini, admirador del artista, Beethoven vivió en ella varias temporadas entre 1804 y 1815, período en que compuso las Oberturas *Leonora* y la *Tercera Sinfonía*, la *Heroica*. Entre los recuerdos expuestos se encuentran un mechón de su cabello, el piano en el que tocaba y un facsímil de una parte de *Fidelio*, partitura operística en la que trabajó mientras residía en la casa.
Abierto: de martes a viernes, de 10.00 h a 16.00 h; los sábados, de 14.00 h a 18.00 h; domingos, de 9.00 h a 13.00 h.

◆◆

BUNDES-MOBILIENSAMMLUNG

Mariahilfer Strasse 88
Quien se interese por la familia imperial, no debe dejar de visitar el guardamuebles de la Corte. Aquí podrá ver una variada selección de muebles de época y utensilios domésticos que pertenecieron a dicha familia, objetos de gran valor artístico e histórico. Existen visitas con guía cada hora en punto.
Abierto: martes a viernes, de 9.00 h a 16.00 h; sábados, de 9.00 h a 12.00 h.

◆◆

BURGKAPELLE

Hofburg, Schweizerhof
La Burgkapelle (Capilla del Castillo) es la sede del famoso Coro de los Niños Cantores de Viena. Se encuentra situada en el corazón del Hofburg, junto al Schweizerhof. La capilla, de estilo gótico, la fundó el emperador Fernando III y se terminó de construir en 1449. Más tarde se le añadieron algunos elementos barrocos, pero en el año 1802 se le restituyó en parte su aspecto original. El primer coro, que estaba bajo el patrocinio de Maximiliano I, acompañaba ya a los servicios religiosos de la Corte en 1498. Salvo una breve interrupción entre 1918 y 1924, el coro ha exhibido una constante calidad durante casi quinientos años, alcanzando su punto máximo en los siglos XVII y XVIII gracias a las obras de Beethoven, Mozart y Haydn. Franz Schubert y Haydn pertenecieron a él. Hoy en día existen cuatro coros compuestos por 24 niños que actúan con el nombre del Coro de los Niños Cantores de Viena. Dos de ellos están siempre de gira, el tercero descansa y el cuarto interviene de septiembre a junio en una misa los domingos y días festivos a las 9.15 h. Hay que reservar los asientos con mucha antelación, si bien hay un número limitado de localidades de pie que son gratis. Se pueden solicitar entradas a la siguiente dirección: Hofmusikkapelle, Hofburg, A-1010 Viena. Hay visitas con guía desde mediados de enero a junio y desde mediados de sep-

tiembre a mediados de diciembre los martes y jueves a las 14.30 h y a las 15.00 h.

BURGTHEATER
Dr Karl-Lueger-Ring 2

El Burgtheater, principal teatro de Viena, fue construido en el siglo XIX y está considerado como uno de los mejores del mundo germánico, aunque es difícil conseguir entradas. De todas formas, vale la pena visitarlo acompañado de un guía. Restaurado tras un incendio sufrido en los años cincuenta, tiene una escalera coronada por frescos de los hermanos Klimt y un vestíbulo decorado con retratos de actores famosos. Excepto los domingos, hay visitas todos los días a las 13.00 h, las 14.00 h y las 15.00 h los meses de julio y agosto; de lunes a sábados, a las 16.00 h, y los domingos, a las 15.00 h, en mayo, junio y septiembre; los martes y jueves, a las 16.00 h, y los domingos, a las 15.00 h, de octubre a abril.

DEUTSCHORDENSKIRCHE
Singerstrasse 7

Esta magnífica iglesia gótica del siglo XIV, a la que se han añadido algunos elementos barrocos, fue la sede espiritual de la antigua Orden de los Caballeros Teutónicos. Presidida por el emperador del Sacro Imperio Romano Germánico, esta orden militar actuó en la zona del Báltico durante la Edad Media. El templo está engalanado con estandartes y escudos y tiene un soberbio tríptico del siglo XVI procedente de la ciudad de Malinas. Su valioso Tesoro (Schatzkammer des Deutschen Ordens), que contiene objetos de adorno finamente labrados, vajillas, monedas, joyas, retratos y documentos, se expone en unas estancias situadas encima de la iglesia.

Abierto: lunes, jueves, sábados y domingos, de 10.00 h a 12.00 h, y miércoles, viernes y sábados, de 15.00 h a 17.00 h, de mayo a octubre; lunes, jueves y sábados, de 10.00 h a 12.00 h, y miércoles, viernes y sábados, de 15.00 h a 17.00 h, de noviembre a abril.

FAHNRICHSHOF
En la confluencia de la Blutgasse y la Singerstrasse

Un atractivo conjunto de estudios de artistas, galerías y tiendas, junto con apartamentos y jardines, que ilustran a la perfección la renovación urbanística de Viena.

FIGAROHAUS
Domgasse 3

Mozart vivió en esta casa entre 1784 y 1787, uno de los períodos más felices y prolíficos de su vida. Acompañado de su mujer y de su hija, compuso varios conciertos, quintetos, tríos, sonatas y la ópera *Las bodas de Fígaro*, obra de la que procede el nombre de la casa. El nombramiento de Mozart como compositor de cámara de la Corte imperial motivó la visita a la mansión de algunos ilustres discípulos y músicos, como, por ejemplo, Beethoven, Haydn y Hummel. En las habitaciones que ocupó el artista se muestran algunos recuerdos, entre los que se incluye el primer libreto en alemán de las *Las Bodas de Fígaro*. El estudio del compositor tiene un elegante techo de estuco que fue encargado por un propietario anterior de la casa llamado Albert Camesina (antiguamente la mansión se llamaba Camesinahaus y se entraba a ella por la Schulergasse).

Abierto: todos los días, excepto lunes, de 9.00 h a 12.15 h y de 13.00 h a 14.30 h.

Siempre en escena: el Burgtheater.

◆◆
FINANZMINISTERIUM
Himmelpfortgasse

En otros tiempos palacio de invierno del príncipe Eugenio, el Ministerio de Economía fue proyectado en el siglo XVIII por J. B. Fischer von Erlach. Su recargada fachada es característica del estilo temprano de este arquitecto.

Se puede ver el vestíbulo y la magnífica escalera de gala diseñada por Von Erlach. Se conservan, aunque restauradas, algunas habitaciones del siglo XVIII, como, por ejemplo, el gabinete dorado.

Freyung y la Schottenkirche.

◆
FLEISCHMARKT

En esta callejuela estuvo el mercado de la carne desde 1285 hasta el siglo XIX. Antes de 1200, la calle formaba parte de un barrio comercial situado extramuros de la ciudad.

En la confluencia de Fleischmarkt con la Griechengasse, en el n° 22, se encuentra la fachada cubierta de yedra de la Griechenbeisl (taberna de los griegos), establecimiento frecuentado por algunos músicos como Beethoven, Schubert y Strauss, y donde Mark Twain escribió *El billete de un millón de libras*.

◆
FRANZISKANERPLATZ

Merece la pena detenerse un momento en esta plazuela para admirar la fuente del siglo XVIII que, adornada con una estatua de Moisés de Johann Martin Fischer, se alza delante de la recargada fachada barroca de la iglesia de los Franciscanos. En este templo, el gótico y el estilo renacentista del sur de Alemania forman una curiosa mezcla arquitectónica. Lo más destacado de su interior es un espléndido altar mayor ficticio y un órgano del año 1642.

◆◆
FREYUNG

La plaza de Freyung, de forma triangular, se encuentra bordeada por el diminuto palacio Harrach y la Schottenkirche (iglesia de los Escoceses). Aunque fundada por unos monjes celtas en el siglo XII, la iglesia actual se construyó en el siglo XVII. Los monjes eran irlandeses y llegaron a Austria invitados por el duque Enrique II "Jasomirgott", que se ganó este apodo por repetir constantemente la frase "Ja, so mir Gott helfe" (así será con la ayuda de Dios). Hay un monumento en su honor en uno de los laterales del templo. La Virgen de los Escoceses es la primera estatua de la Virgen María que hubo en Viena, y en la cripta se encuentran algunas tumbas, como la del duque Enrique. Situada en el centro de la plaza, la Fuente de Austria está decorada con unas figuras alegóricas que representan los ríos del país. En el lado meridional se encuentra una de las principales arterias del centro urbano, la Herrengasse, aristocrática calle flanqueada por casas porticadas y palacios que hoy se han habilitado como sedes ministeriales.

Antaño un foso defensivo romano, Graben es hoy una importante calle comercial.

◆◆
GRABEN

La zona de Graben se ha hecho peatonal al calor de las tiendas.

Elegante arteria comercial, la calle Graben sigue el trazado del *graben* (foso) que constituía el límite meridional del campamento romano. Más tarde se hizo famosa por sus cafés y por ser un barrio de mala fama. Actualmente es peatonal y tiene un aspecto diferente. La preside una curiosa estructura: la Pestsäule (la Columna de la Peste), monumento erigido para conmemorar que Viena se viera libre de la peste que la asoló en 1679.

◆
HAUS DER GESELLSCHAFT DER MUSIKFREUNDE

Bösendorferstrasse 12

En esta institución dependiente de la Musikverein, sede de la Orquesta Filarmónica de Viena, los aficionados a la música pueden examinar algunos manuscritos de Beethoven, Mozart, Schubert, Haydn, Bruckner y otros, reunidos por la Gesellschaft der Musikfreunde (Sociedad de Amigos de la Música). Abierto: lunes, miércoles y viernes, de 9.00 h a 13.00 h, de octubre a junio, o mediante cita previa.

◆◆◆
HOFBURG

Michaelerpl...

Si hay un lu... ...o no puede d... ...o visitarse, ése es el Hofburg, residencia oficial de los Habsburgo desde el siglo XIII hasta 1918. Ocupa una extensión de 20 ha en el extremo suroeste de la Innere Stadt y en sus dependencias se dan cita toda la gama de los estilos arquitectónicos, del gótico al rococó. A partir de un simple castillo erigido en el siglo XIII, el Hofburg fue creciendo hasta alcanzar un tamaño colosal, y, aunque en la actua-

HOFBURG

Bundeskanzleramt
SCHAUFLERGASSE
KOHLMARKT
BALLHAUS-PLATZ
Michaelerkirche
HABSBURGERGASSE
Volksgarten
Amalienhof
Reichskanzleitrakt
MICHAELERPLATZ
STALLBURGGASSE
Amalienburg
Michaelertrakt
In der Burg
Hoftafel- und
Silberkammer-
Museum
Kaiser-
appartements
REITSCHULGASSE
Leopoldinischer Trakt
Kaiser Franz-D.
Stallburg
Alte Hofburg
Schatzkammer
Spanische Reitschule
BRAUNERSTRASSE
Schweizerhof
Erzh. Karl-D.
Burgkapelle
JOSEFSPLATZ
Josef II
DOROTHEERGASSE
HELDEN-PLATZ
Festsaaltrakt
Äusseres Burgtor (Heldendenkmal)
Prinz Eugen-D.
Nationalbibliothek
Bibliothekshof
Augustinerkirche
SPIEGELGASSE
Ephesos-Museum, Sammlung alter Musikinstrumente, Waffensammlung
Neue Hofburg
AUGUSTINERBASTEI
HANUSCHGASSE
Albertina
AUGUSTINERSTRASSE
Museum für Völkerkunde
Kunsthistorisches Museum
B u r g g a r t e n
ALBERTINA-PLATZ
BURGRING
GOETHEGASSE
Staatsoper

0   50   100 m

ntidad la mitad de sus edificios están ocupados por organismos oficiales, aún queda espacio suficiente para albergar varios museos y colecciones, la Biblioteca Nacional, el Tesoro de los Habsburgo, la Escuela Española de Equitación y dos iglesias. Todos estos lugares se pueden visitar por separado, y cuentan con su correspondiente apartado en la presente relación. El Hofburg tiene un total de unas 2.600 habitaciones. Las partes más antiguas son el Schweizerhof, la Burgkapelle y el palacio Amalienburg. Más tarde, Leopoldo I mandó construir en 1660 el Leopoldinischer Trakt con el fin de unir el Schweizerhof y el palacio Amalienburg y como un elemento más de un ambicioso proyecto encaminado a construir un palacio para los Habsburgo que rivalizara con el que Luis XIV tenía en Versalles. Tras su fachada barroca se hallan las dependencias del presidente de Austria. Al otro lado del patio, la Reichskanzlei (Cancillería Imperial), proyectada por J. E. Fischer von Erlach, es también de estilo barroco y en ella se encuentran los apartamentos de Francisco José. Este emperador mandó erigir el ala del palacio que da a la Michaelerplatz y el Neue Hofburg, y se elaboraron planes también para construir un Foro Imperial en el lugar donde se celebraban antaño los desfiles militares. Estaba previsto que dicho foro abarcara la Heldenplatz (plaza de los Héroes), pero las obras no llegaron a terminarse nunca, si bien se siguió

trabajando hasta los años veinte, cuando el Imperio ya se había derrumbado.

◆◆
HOFTAFEL UND SILBERKAMMER MUSEUM
Hofburg, Michaelerplatz
Aquí se exhibe una colección valiosísima de vajillas y cubertería de plata de Europa y el Extremo Oriente, regalos que los Habsburgo acumularon durante siglos, y entre los que destacan el servicio compuesto por 140 piezas de Meissen o el centro de mesa que la reina Victoria de Inglaterra regaló al emperador Francisco José en 1851.
Abierto: martes, viernes y domingos, de 9.00 h a 13.00 h.

◆
HOHER MARKT
Aquí estuvo emplazado el Foro en la *Vindobona* romana. La plaza se encuentra muy cerca de la Marc-Aurel Strasse, lugar donde murió el emperador Marco Aurelio en el año 180 d. C. En 1945 un ataque aéreo sacó a la luz dos casas romanas en el n° 3 de Hoher Markt. El resultado de las excavaciones se muestra en un pequeño museo subterráneo. Un mapa en relieve superpuesto a un plano actual de la ciudad indica la gran extensión que alcanzó el campamento romano y brinda una interesante visión de los diferentes estratos que el tiempo ha ido acumulando en Viena. En el centro de la plaza se alza la Fuente Nupcial, monumento diseñado por Fischer von Erlach el Joven que reemplazó

una versión del mismo tema debida a su padre.

◆
JOSEFSPLATZ
Hofburg, Augustinerstrasse
Una hermosa plaza barroca, bordeada por la Biblioteca Nacional y las adyacentes Grosser y Kleiner Redoutensaal. En el n° 6 se encuentra el palacio Pálffy (1675), y al lado, el palacio Pallavicini (1783). En el centro de la plaza se alza la estatua del emperador José II, hijo de la emperatriz María Teresa. En la Biblioteca Nacional, construida por Fischer von Erlach el Joven según un proyecto de su padre, destaca por su belleza una sala ovalada, denominada la Prunk-

saal, decorada con frescos en los que figuran los benefactores de la institución, en particular Carlos I. La sala alberga más de 200.000 libros, además de 36.000 manuscritos y 8.000 grabados antiguos, así como la biblioteca del príncipe Eugenio de Saboya. Hay también una colección de globos terráqueos antiguos. Abierto: lunes, martes, miércoles y viernes, de 11.00 h a 12 h; jueves, de 14.00 h a 15.00 h.

◆
JUDENPLATZ
La Judenplatz, que se encuentra situada detrás de la Böhmische Hofkanzlei (Cancillería

Alte Hofburg, morada de emperadores.

AMOREM · MEVM · POPVLIS · MEIS

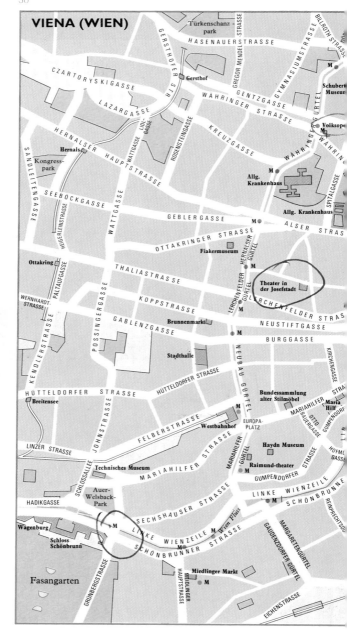

VIENA (WIEN)

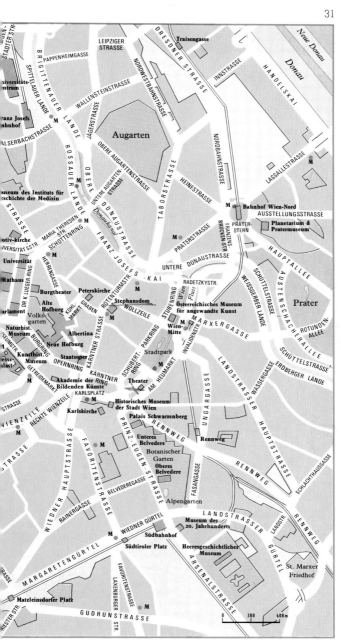

LUGARES DE INTERÉS

Imperial Bohemia), fue el corazón de la judería de Viena durante la Edad Media. En el año 1421, su sinagoga fue demolida durante una persecución antisemita y las piedras se utilizaron en la ampliación de la Antigua Universidad. En el nº 2 está la casa "Jordanhof", cuyo primer propietario fue Jörg Jordan en el siglo XV; en ella hay un relieve del siglo XVI que recuerda dicha persecución. La plaza cuenta con

otras mansiones. Mozart vivió en ella, y el famoso arquitecto J. B. Fischer von Erlach murió muy cerca de aquí, en el n° 5 de la Jordangasse, en 1723.

Reflejos en los Kaiserappartements.

◆◆◆
KAISERAPPARTEMENTS
Hofburg, Michaelerplatz

No se pueden dejar de visitar estas magníficas dependencias de los Habsburgo. Espléndidas por su suntuosidad y riqueza, brindan la oportunidad de evocar algunas figuras históricas en su propio ambiente. Alrededor del patio In der Burg hay tres grupos de habitaciones de gala conectadas entre sí y que se extienden desde la Reichskanzlei hasta el palacio de Amalienburg. Con 21 habitaciones en total, aquí vivieron Francisco José I y la emperatriz Isabel y fue el segundo hogar del zar de Rusia Alejandro I durante el congreso de Viena celebrado entre 1814 y 1815.

Los apartamentos de María Teresa, que se encuentran al otro lado del patio, en la Leopoldinischer Trakt, son la residencia oficial del presidente de Austria, y no se pueden visitar. El comedor, que está decorado con tapicerías de gobelinos, da acceso a la Sala Circular. Después del Cuerpo de Guardia hay una sala de estar y un salón de audiencias. En este último se encuentra el atril junto al cual el emperador Francisco José recibía a los que acudían a hacerle alguna solicitud. La Cámara del Consejo está decorada con el famoso retrato que Winterhalter le hizo a la emperatriz Isabel a los veintiocho años de edad, cuando se la consideraba una de las mujeres más bellas de Europa. Tras cruzar un estudio se llega al dormitorio del emperador, que se encuentra espartana-

La corona de los Habsburgo, que en otro tiempo unió España y Austria.

mente amueblado, con una sencilla cama de hierro y una bañera de madera. Tras atravesar dos salones se accede al dormitorio y sala de estar de la emperatriz Isabel. En esta bonita habitación se pueden ver el escritorio, el reclinatorio y la cama real, así como el gimnasio donde la soberana hacía ejercicios todos los días para escándalo de la Corte. Hay también un elegante salón de estilo Luis XIV, decorado con porcelanas de Sèvres y unos bellos paisajes, mientras que en una antecamára se exponen objetos relacionados con el asesinato de la emperatriz por un anarquista italiano, hecho acaecido en Ginebra en 1898. El salón de Alejandro I está decorado con unas extraordinarias tapicerías de gobelinos ejecutadas según unos cartones de Boucher que María Antonieta regaló a su hermano José II. En esta estancia Carlos I redactó en 1918 su renuncia al trono. Por último, está el comedor, que cuenta con una mesa de gala puesta al estilo español.

Abierto: lunes a sábados, de 8.30 h a 12.00 h y 12.30 h a 16.00 h; domingos, de 8.30 h a 12.30 h.

◆◆◆
KAPUZINERKIRCHE
Neuer Markt

Debajo de la austera iglesia de los Capuchinos, fundada por la emperatriz Ana en 1618, se encuentra uno de los monumentos más impresionantes de la monarquía austríaca, el Kaisergruft o Panteón Imperial. Desde 1633, año en que fueron inhumados en dicho recinto los restos de la emperatriz Ana y de su marido, Matías I, todos sus descendientes, excepto tres, han sido enterrados en alguna de las diez cámaras del panteón. Las tres excepciones son Fernando II (1619-1637), que está enterrado en Graz; Federico III, cuya tumba se encuentra en la catedral de San Esteban, y Carlos I el Postrero (1916-1918), que está enterrado en Madeira, lugar donde vivió exiliado hasta su muerte en 1922.

Las distintas cámaras, que se visitan por orden cronológico, constituyen un fascinante muestrario de estilos y preferencias personales, tal y como se puede comprobar, por ejemplo, cuando se compara el sencillo sepulcro de cobre de José II con el doble sarcófago de sus padres, monumento recargado de adornos. Tras atravesar la Cámara de los Fundadores, se encuentra en la Cámara Leopoldina, en la que 12 de sus 16 sarcófagos se construyeron para contener cuerpos de niños, por lo que se conoce también con el nombre de Cámara de los Ángeles. Lo más destacado de la Cámara Carolina es la imponente tumba de Carlos VI. El sepulcro, diseñado por Balthasar Ferdinand Moll, descansa sobre unos leones y está decorado con unos escudos de armas que representan el Sacro Imperio Romano y sus posesiones. Moll fue el responsable también de la tumba rococó de María Teresa y Francisco I y de varios sarcófagos para sus hijos. La tumba de la única persona de estirpe no real enterrada en el panteón se encuentra en un nicho cercano al sepulcro de la familia a la que sirvió con tanta abnegación.

Se trata de Karoline Füchs, aya de la emperatriz, fallecida en el año 1754. Francisco II fue el último emperador del Sacro Imperio Romano y está enterrado

La cripta de los Capuchinos.

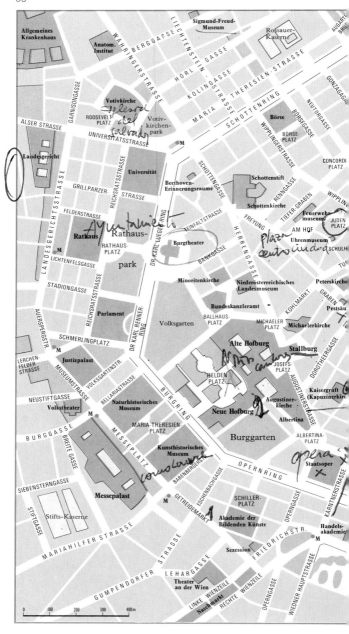

CENTRO DE VIENA
(WIEN - INNERESTADT)

Karmelitemarkt

Zirkus-und Clownmuseum

KARMEL-PLATZ

OBERE DONAUSTRASSE

Donaukanal

HOLLANDSTRASSE

TABORSTRASSE

PRATERSTRASSE

M

NRICHSGASSE

RUDOLFS-PLATZ

ALZGRIES SALZTORGASSE

SALZTOR-BRÜCKE

Maria am Gestade

MORZIN-PLATZ

UNTERE DONAUSTRASSE

altes-Rathaus

MARC-AUREL STR

Ruprechtskirche

MARIEN-BRÜCKE

SCHWEDEN-BRÜCKE

ASPERN-BRÜCKE

FRANZ

JOSEFS-KAI

HOHER MARKT

Reloj Ankeruhr

ROTENTURMSTRASSE

SCHWEDEN-PLATZ

ASPERN-PLATZ

RADETZKY-STRASSE

FLEISCHMARKT

Importante

Hauptpostamt

Regierungs-gebäude

STUBENRING

MARXERGASSE

ZOLLAMTSTRASSE

HINTERE ZOLLAMTSTRASSE

BACKERSTRASSE

Alte Schmiede

POSTGASSE

Stephansdom
CATEDRAL

WOLLZEILE

Alte Universität

DOMINIKANERBASTEI

STOCK IM SEN-PLATZ

M

DOMG

Figarohaus

Österreichisches Museum für angewändte Kunst

VORDERE

Deutschordenskirche

BLUTGASSE

SINGERSTRASSE

RIEMERGASSE

STUBENBASTEI

WEISKIRCHEN STRASSE

LANDSTRASSE

Autobus-bahnhof

Bahnhof Wien-Mitte

INVALIDENSTRASSE

M

FRANZISKANER-PLATZ

Franziskanerkirche

WEIHBURGGASSE

PARKRING

City-Air-Terminal

Finanzministerium

JOHANNESGASSE

Ronacher Theater

SEILER STÄTTE

St. Elisabeth-Spital

Sammlung Religiöser Volkskunst

Stadtpark

Wien

UNGARGASSE

SCHWARZENBERGSTR.

Kursalon

AM HEUMARKT

BEATRIX

ARNTNER RING

SCHUBERTRING

JOHANNESGASSE

M

BEATRIXGASSE

RECHTE BAHNGASSE

LINKE BAHNGASSE

Tierärztliche Universität

Künstlerhaus

SCHWARZENBERGPLATZ

LOTHRINGER STRASSE

Musikverein

Konzerthaus

Akademietheater

SALESIANERGASSE

Am Modena-park

KARLSPLATZ

Historisches Museum der Stadt Wien

AM HEUMARKT

ZAUNER

TRAUNGASSE

GASSE

NEULINGGASSE

Karlskirche

en solitario en una de las cámaras del panteón. Renunció a la corona del Sacro Imperio en 1806 para pasar a ser simplemente el emperador Francisco I de Austria. En la Nueva Cámara, en la Cámara Toscana y en la Cámara de Fernando I se encuentran enterrados numerosos parientes de los Habsburgo, mientras que los restos mortales de Francisco José reposan entre los de su esposa y los de su infortunado hijo, el príncipe heredero Rodolfo.

Abierto: todos los días, de 9.30 h a 16.00 h.

Ecos romanos en la Karlskirche.

◆◆
KARLSKIRCHE
Karlsplatz

Justo fuera del recinto delimitado por la Ringstrasse se encuentra la Karlskirche, la iglesia barroca más hermosa de la ciudad. La mandó construir Carlos VI para conmemorar el final de la peste de 1713 y está bajo la advocación de San Carlos Borromeo, personaje que se hizo famoso por la ayuda que prestó a las víctimas de una epidemia similar ocurrida en Italia. El autor del proyecto fue J. B. Fischer von Erlach.

Los cimientos, construidos en 1716, demostraron su solidez

con motivo de los bombardeos aéreos de la Segunda Guerra Mundial. La obra fue terminada por J. E. Fischer von Erlach en 1739 gracias a las aportaciones económicas de los países aliados del Sacro Imperio Romano. La amplia fachada, flanqueada por dos campanarios idénticos, es notable por sus imponentes pilares, que se inspiran en la Columna de Trajano de Roma y están decorados con guirnaldas en forma de espiral, en las que aparecen escenas de la vida de San Carlos Borromeo y unas réplicas de la corona imperial. El pórtico central, de estilo griego, se encuentra coronado por un relieve que ilustra la victoria sobre la peste. Una gran cúpula de cobre de 72 m de altura se alza sobre el vasto recinto ovalado del templo. Interrumpidos por una serie de ventanas, los frescos del interior, de Johann Michael Rottmayr, se encuentran sobre el altar mayor, donde la figura de San Carlos Borromeo se eleva en medio de una verdadera tempestad de nubes de oro y rayos celestiales. Los frescos muestran escenas de la vida del santo. Obsérvese también el ángel que arroja un rayo de luz sobre un ejemplar de la *Biblia* de Lutero, y las espléndidas pinturas ilusionistas de Gaetano Fanti, la *Santa Isabel* de Daniel Grant, al lado del altar mayor, y la *Santa Cecilia* de Rottmayr, que, acompañada de un gran grupo de ángeles músicos, decora la caja del órgano.

Luces de neón en la Kärntnerstrasse.

LUGARES DE INTERÉS

◆◆
KÄRNTNERSTRASSE *tiendas*

No se puede dejar de dar un paseo por la calle comercial más elegante de la Innere Stadt. Ha sido desde siempre el eje norte-sur de la capital, una arteria que une la catedral de San Esteban con la Ópera. En la época en que Viena era una ciudad fronteriza el príncipe Metternich dijo de ella lo siguiente: "Los Balcanes empiezan en la Kärntnerstrasse". Hoy en día es una calle peatonal que cuenta con numerosas terrazas.

◆◆◆
KUNSTHISTORISCHES MUSEUM

Maria-Theresien-Platz

El Museo de Bellas Artes es el más importante de la ciudad y está a la misma altura del Louvre o El Prado. Alberga obras magníficas adquiridas por los Habsburgo y una sola visita no bastaría para contemplar todas las obras que atesora. Las colecciones principales de escultura y las antigüedades, incluidas las egipcias y orientales, se encuentran en la planta baja, mientras que en el primer piso se exhiben cuadros de las escuelas holandesa, flamenca, alemana, inglesa, francesa, italiana y española. Entre las antigüedades clásicas se pueden admirar piezas griegas, chipriotas, etruscas, romanas y paleocristianas, además de objetos del período de las emigraciones bárbaras. En el campo de las artes decorativas revisten gran interés los vasos jónicos, áticos e itálicos, la hermosa *Gemma Augustea*, un camafeo de ónice que se cree procedente del siglo I d. C., en el que aparece el emperador Augusto recibiendo a su hijo Tiberio después de que éste venciera a los bárbaros de Panonia (o antigua Austria); el cáliz Wilten, pieza del siglo XII; y el magnífico salero esmaltado en oro que Benvenuto Cellini labró para el rey Francisco I de Francia. Los amantes de la escuela flamenca se encontrarán a sus anchas en el primer piso, donde se exponen casi la mitad de las obras de Pieter Brueghel el Viejo que han llegado hasta nosotros: un valioso conjunto de pinturas que abarca cuadros de tema campestre, como la *Danza de campesinos* o *La boda aldeana*, junto con otros de carácter religioso, como *Cristo llevando la Cruz* y *La Torre de Babel*. No se debe dejar de ver el famoso retrato que Hans Holbein hizo de Jane Seymour, una de las esposas de Enrique VIII, ni el dramático cuadro de Van Dick titulado *Joven comandante*. En *El estudio del artista*, de Jan Vermeer, se ve al pintor retratando a una tímida muchacha. Se puede admirar también un *Autorretrato* de Rembrandt, mientras que Rubens está muy bien representado con más de 30 lienzos. Del pintor alemán Alberto Durero existe un retrato del Emperador Maximiliano y la *Adoración de la Santísima Trinidad*. Entre las obras de los maestros italianos destacan algunas exquisitas vírgenes de Tiziano y *Susana en el baño*, uno de los mejores cuadros de Tintoretto. *Los Tres filósofos* es uno de los pocos cuadros de

El Kuntshistorisches Museum.

Giorgone que ha llegado hasta nuestros días. Se pueden admirar también varias encantadoras escenas de El Veronés, pintor veneciano del siglo XVI, y la *Madonna del Prado*, de Rafael. Entre los cuadros de Velázquez se encuentran algunos tan importantes como *La infanta Margarita* y *El rey Felipe IV y la reina Isabel*. También se exhiben varios paisajes urbanos de Viena pintados por Bellotto, sobrino de Canaletto: vistas del Freyung y del Neuer Markt, y el cuadro titulado *La ciudad*

LUGARES DE INTERÉS

Un expresivo rostro en Michaelerplatz.

vista desde el Belvedere. El pintor inglés Thomas Gainsborough está representado con un *Paisaje de Suffolk*, mientras que *Napoleón cruzando el Gran San Bernardo* es uno de los pocos cuadros de David expuestos fuera del Louvre. El museo ofrece, en definitiva, algo de lo que pocas pinacotecas del mundo pueden vanagloriarse: un panorama completo de la pintura europea.

Abierto: martes a viernes, de 10.00 h a 15.00 h y de 19.00 a 21.00 h; sábados y domingos, de 9.00 h a 13.00 h.

◆
LOBMEYR
Kärntnerstrasse, 26
Desde su fundación en 1823, Lobmeyr ha sido la tienda de objetos de vidrio más importante de Viena. Suministradora oficial de lámparas de la Corte austríaca, Lobmeyr fabricó en 1883 la primera lámpara eléctrica del país, y sus magníficas piezas iluminan recintos tales como el Kremlin o la Ópera de Nueva York. Cuenta con un museo de objetos de cristal.

Abierto: de lunes a viernes, de 13.00 h a 18.00 h; y los sábados, de 9.00 h a 13.00 h.

◆
LOOS-HAUS
Michaelerplatz, 5
Se trata de un sobrio establecimiento diseñado en 1910 por el arquitecto Adolph Loos. Suscitó grandes controversias durante su construcción frente a una de las alas del Hofburg debido a su aspecto funcional.

Al emperador Francisco José le desagradaba tanto que se negaba a salir del palacio por la Michaelertor, y se quejaba a gritos de que las ventanas no tuvieran "cejas", es decir, que carecieran de dinteles.

◆
MARIA AM GESTADE
Salvatorgasse
Una bella iglesia gótica construida en el siglo XIV sobre cimientos de la época romana. Destaca la fachada occidental y el coro tiene una magnífica vidriera del siglo XIV.

◆
MICHAELERKIRCHE
Michaelerplatz
Algunas partes de esta iglesia, que fue en otros tiempos parroquia de la Corte, datan del siglo XIII. Obsérvese la estatua de San Miguel situada sobre

Naturhistorisches Museum.

la entrada, esculpida por Matielli, y el original coro gótico.

◆
MUSEUM FÜR ANGEWANDTE KUNST
Stubenring 5
En el Museo de Artes Aplicadas se exhibe una colección de artículos decorativos, entre los que se incluyen desde esmaltes, piezas de orfebrería y objetos de vidrio pintado.
Abierto: martes a jueves, de 10.00 h a 18.00 h; viernes, de 10.00 h a 16.00 h; domingos, de 10.00 h a 13.00 h.

◆◆
NATURHISTORISCHES MUSEUM
Maria-Theresien-Platz
En este excelente Museo de Historia Natural se exhiben interesantes colecciones de mineralogía, botánica, zoología y antropología, así como una notable muestra de piedras preciosas. En el departamento de Prehistoria se puede admirar la *Venus de Willendorf*, una pequeña estatua con veinte mil años de antigüedad, y algunos objetos hallados en unos enterramientos situados cerca de Hallstatt. Cuenta con un recinto especialmente dedicado al público infantil.
Abierto: miércoles a lunes, de 9.00 h a 18.00 h.

◆◆
NEUE HOFBURG
Heldenplatz
El Neue Hofburg, que formó parte del plan de ampliación del Hofburg impulsado por el emperador Francisco José, alberga en la actualidad un cen-

LUGARES DE INTERÉS

tro de congresos, las salas de lectura de la Biblioteca Nacional y varios museos. Destaca el Museum für Völkerkunde (Museo Etnológico), en el que se pueden contemplar objetos tales como el estandarte, el escudo y las plumas de Moctezuma y algunos bronces de Benin. En el Neue Hofburg se encuentran también el Museo de la Cultura Austríaca, un museo de armaduras, un museo de instrumentos musicales y el Museo de Éfeso, en el que se exhiben objetos descubiertos en el famoso yacimiento arqueológico greco-turco.

Abierto: lunes, jueves, viernes y sábados, de 10.00 h a 13.00 h; los miércoles, de 10.00 h a 17.00 h; domingos de 9.00 h a 13.00 h.

De octubre a mayo se proyectan películas los domingos a las 9.30 h y 11.30 h.

◆
PETERSKIRCHE
(Junto a Graben)
La elegante iglesia de San Pedro, soberbio exponente del arte barroco, con su nave ovalada y sus impresionantes esculturas, es obra de Gabriele Montani y Johann Lukas von Hildebrandt.

◆◆
PLATZ AM HOF
Es esta plaza la mayor del casco viejo. En el actual n° 7 los

Platz Am Hof: naturaleza y sosiego en el centro de la ciudad.

duques de Babenberg erigieron en el siglo XII una fortaleza. La Mariensäule (la Columna de María) se erigió para conmemorar la victoria de Austria sobre los suecos en la Guerra de los Treinta Años. En la iglesia gótico-barroca de Am Hof un heraldo anunció en 1804 la elevación de Francisco I al trono del nuevo Imperio austríaco, y en 1806, el final del Sacro Imperio Romano. Theodor Latour, a la sazón ministro de la Guerra, fue colgado de una farola de la plaza por unos revolucionarios en 1848. En una esquina del recinto, una lápida recuerda al filántropo suizo Henry Dunant, que fundó la Cruz Roja tras la impresión que le produjo la sangre derramada en la batalla de Solferino (1859).

◆
RATHAUS
Rathausplatz
El bello edificio del Ayuntamiento, terminado en 1872, guarda un gran parecido con su homólogo de Bruselas. Ambos fueron proyectados por Friedrich Schmidt, arquitecto de moda en el siglo XIX. Diseñó unas ventanas tan pequeñas que obligaban al uso constante de la luz de las velas. La figura que corona el edificio, el *Hombre del Ayuntamiento*, se ha convertido en símbolo de la ciudad. Si no coincide con alguna sesión, hay visitas con guía todos los días, excepto sábados y domingos, a las 13.00 h.

◆◆◆
SAMMLUNG ALTER MUSIKINSTRUMENTE
Neue Hofburg, Heldenplatz
El Museo de Instrumentos de Música Antiguos, compuesto por varias colecciones -sobre todo, la del archiduque Fernando del Tirol y la de la Sociedad de Amigos de la Música-, constituye un testimonio precioso para conocer el desarrollo de la música occidental y algunos de sus exponentes más importantes. Los instrumentos expuestos más antiguos datan del siglo XV e incluyen violas italianas y la magnífica trompeta del propio archiduque Fernando, llevada a cabo por Antoni Schnitzer de Nuremberg en 1581. La colección de instrumentos de viento incluye desde una flauta de

LUGARES DE INTERÉS

1501 y unos sencillos caramillos hasta un curioso instrumento del Tirol, el *Tartolten*, que consta de cinco tubos parecidos a oboes. Se exhiben también arpas, laúdes y cítaras, mientras que la colección de instrumentos de cuerda abarca desde un violín hecho con concha de tortuga hasta un simple organillo.

La colección de instrumentos de tecla es quizá la más importante del museo, no sólo por su riqueza y por las famosas marcas de sus objetos, sino también por las evocaciones que despierta de algunos grandes compositores. Además de clavicordios, clavicémbalos, pianos verticales y espinetas, se exhibe un magnífico piano de Erard Frères que le regalaron a Beethoven en 1803, y un piano fabricado por Graf que le regalaron a Schumann cuando se casó en 1839 y que Brahms donó al museo. Se pueden ver también los pianos de Mahler o Schubert, el clavecín de Haydn y el armonio de Listz. El museo presta en ocasiones sus instrumentos para imprimir autenticidad a los conciertos de época que se celebran en el magnífico Salón de Mármol.

Abierto: martes a viernes, de 10.00 h a 15.00 h; sábados y domingos, de 9.00 h a 13.00 h.

◆◆◆
SCHATZKAMMER
Hofburg, Schweizerhof
Ubicado en el corazón del Hofburg, en una torre vigilada en otros tiempos por guardas suizos, el Tesoro de los Habsburgo es uno de los más importantes de Europa. Desde el siglo XVI los emperadores de la dinastía de los Habsburgo fueron almacenando sus tesoros en el Hofburg hasta llegar a reunir una colección de objetos de inestimable valor histórico y artístico. Los de carácter civil se agrupan dependiendo de sus características, mientras que los religiosos se exponen por orden cronológico. En cuanto a los primeros, éstos se relacionan con las ceremonias de la monarquía de los Habsburgo. Se expone la espada de gala de Maximiliano I, con la que sus súbditos juraban fidelidad a la casa gobernante; una serie de atuendos bordados y de recipientes de oro usados en los bautizos; los escudos de armas y las insignias de la orden del Toisón de Oro; y algunas otras curiosidades, como por ejemplo, el cuerno de un legendario unicornio (de un narval en realidad) que el rey Segismundo de Polonia regaló a Fernando I.

Las piezas más espectaculares son las coronas y las insignias reales, destacando la Corona Imperial, del siglo X, que se labró probablemente en Alemania para la coronación de Otto el Grande y que pasó a poder de los Habsburgo en el siglo XIII. Adornada con perlas, esmaltes y piedras preciosas, la corona es octogonal y tiene un arco en cuya parte delantera se eleva una cruz engastada con joyas. Entre los objetos religiosos se encuentran algunas valiosas reliquias medievales; finas piezas de oro y plata; magníficas vestimentas, como las que el papa Pío VI regaló a

José II, relieves, estatuas y vasos litúrgicos.

Abierto: lunes, miércoles y viernes, de 10.00 h a 16.00 h; sábados y domingos, de 9.00 h a 16.00 h. De abril a octubre hasta las 18.00 h.

◆
SCHWEIZERHOF
Hofburg
El Schweizerhof (palacio de los Suizos), llamado así porque albergó en otros tiempos a la Guardia Suiza, es una estructura del siglo XIII que forma parte del Hofburg. Lo construyó el rey bohemio Ottokar para defenderse, aunque sin éxito, de los ataques de Rodolfo de Habsburgo. Junto al arco de entrada se hallan las poleas que movían el puente levadizo.

El edificio Sezession fue la sede del Jugendstil.

LUGARES DE INTERÉS

◆
SEZESSION
Friedrichstrasse, 12
Este edificio conocido como el Templo del Jugendstil (el Art Nouveau vienés), lo diseñó Josef Olbrich y se construyó en 1898 en sólo seis meses. Durante la última década del siglo pasado un grupo de jóvenes artistas encabezado por Gustav Klimt rompió con la conservadora Künstlerhaus y fundaron la sociedad artística Sezession. Este edificio era el lugar donde exponían sus obras y las de otros artistas extranjeros afines a ellos, como Beardsley (1899) o Charles Rennie Mackintosh (1900). En la fachada se lee la siguiente inscripción: "A cada época su arte y a cada arte su libertad". En el restaurado basamento se halla el *Friso de Beethoven*, de Klimt.
Abierto: martes a viernes, de 10.00 h a 18.00 h; sábados y domingos, de 10.00 h a 16.00 h.

◆◆◆
SPANISCHE REITSCHULE
Hofburg
(entrada por la Josefsplatz)
Los sementales de la Escuela Española de Equitación son

La Escuela Española de Equitación.

una de las estampas más queridas de Viena. Los famosos caballos lipizzanos, llamados así porque hasta 1918 se criaban en una caballeriza situada en la ciudad yugoslava de Lipizza, fueron llevados a Austria por Maximiliano II en el siglo XVI. De raza española en un principio, se les mezcló con caballos italianos y beréberes y más tarde, en el siglo XVIII, con caballos árabes. Durante la Segunda Guerra Mundial la Escuela Española de Equitación se trasladó a Checoslovaquia, donde estuvo a punto de desaparecer en medio del torbellino bélico. El general George Patton, amante de los caballos, los salvó en última instancia tras escuchar los ruegos de Alois Podhajsky, director de la escuela. En la actualidad, los caballos lipizzanos se crían en la ciudad siria de Piber. Su pelaje al nacer es de un color gris pardo y no se vuelve blanco hasta que tienen, como mínimo, cuatro años. A esta edad se traslada a los sementales a Viena, donde se les amaestra durante cuatro años. Se inician con una serie de ejercicios sencillos -trotes, pasos, piruetas- y luego, gradualmente, aprenden otros de mayor dificultad, los cuales requieren un extraordinario grado de equilibrio y destreza. Las actuaciones tienen lugar en la **Winterreitschule** (Escuela de Equitación de Invierno) y los jinetes van ataviados con el uniforme tradicional, esto es, casaca marrón oscura, pantalones de ante, botas altas y bicornio. Carlos VI organizó los primeros espectáculos ecuestres, estimulando a los mejores jinetes de la Corte a competir entre sí por mera diversión, mientras que a los jóvenes de la nobleza se les enseñaba los complicados ejercicios de la *haute école*, junto a otros más orientados hacia la guerra. El retrato de Carlos VI, situado encima del palco imperial, preside todavía las actuaciones ecuestres, y los jinetes le dirigen un deferente saludo al principio y al final de cada representación.

Actuaciones: los domingos, a las 10.45 h, de marzo a junio, de noviembre a diciembre y, en ocasiones, durante septiembre y octubre; y casi todos los miércoles, a las 19.00 h, de abril a junio. Se pueden solicitar entradas con mucha antelación a las siguientes señas: Spanische Reitschule, Hofburg, A-1010 Viena.

No hay reserva de entradas para las representaciones matutinas que tienen lugar de martes a viernes, a las 10.00 h y a las 12.00 h, entre los meses de febrero a junio y de noviembre a diciembre, ni tampoco para algunas actuaciones de breve duración (30 minutos) que se celebran los sábados por la mañana a las 9.00 h.

◆◆
STAATSOPER
Opernring 2

La Ópera se inauguró en 1869 con una representación del *Don Juan* de Mozart y fue destruida casi por completo durante la Segunda Guerra Mundial. Reconstruida en los años cincuenta después de que Austria recuperara su independencia, el nuevo edificio conserva el recargado clasicis-

LUGARES DE INTERÉS

Tejado de cerámica de San Esteban.

mo del original. Hay visitas con guía todos los días, a las 10.00 h, a las 11.00 h, a las 13.00 h, a las 14.00 h y a las 15.00 h, los meses de julio y agosto, y para quien lo solicite de septiembre a junio.

◆◆
STALLBURG *Hofburg.*
Reitschulgasse 2

El Stallburg, el más hermoso edificio renacentista de Viena, fue mandado construir por Fernando I en 1558 para su hijo el archiduque Maximiliano. Fue este monarca, Maximiliano II, quien trajo los famosos "sementales plateados" de la Escuela Española de Equitación; por ello, parte del edificio alberga hoy las cuadras de los caballos lipizzanos, que se en-

cuentran unidas a las Winterreitschule por un pasadizo. Abierto: martes a jueves, de 10.00 h a 15.00 h; sábados y domingos, de 9.00 h a 13.00 h.

◆◆◆
STEPHANSDOM *Catedral*
Stephansplatz

La catedral de San Esteban, monumento desde el que se domina toda la Innere Stadt, se fundó en el siglo XIII durante el reinado del rey Ottokar en un lugar ocupado anteriormente por varias iglesias cristianas. La construcción del edificio supuso ocho siglos de constantes trabajos, iniciándose en la fachada occidental, de estilo románico, en la que se abre la impresionante Riesentor (Puerta del Gigante), que constituye la entrada principal, flanqueada por las Heidentürme (Torres de los Paganos). La catedral tiene un tejado inclinado cubierto con tejas de colores y es la gótica Torre Meridional, del siglo XIV, lo más destacado del exterior del edificio. Conocida como la Steffl, su impresionante aguja se eleva hasta una altura de 137 m. La torre del Águila, exacta a la anterior, pero en el lado norte, no llegó a terminarse nunca por falta de fondos. Dicha torre se convirtió en el campanario de la catedral y está coronada por una cúpula de cobre. Mide 92 m y su elevada bóveda descansa sobre 18 columnas decoradas con bellas figuras de tamaño natural. A la izquierda de la Puerta del Gigante, en la capilla Tirna, está enterrado el príncipe-soldado Eugenio de Saboya, personaje que promovió la construcción del palacio del Belvedere. En el centro de la nave se alza un púlpito de piedra arenisca realizado en 1515 por Anton Pilgram. En él están labradas las figuras de los cuatro Padres de la Iglesia y del propio artista, que se asoma por una ventana situada bajo la escalera y que aparece también debajo del órgano. Al lado de la nave lateral septentrional, hay un ascensor que lleva hasta la Campana

La aguja gótica de San Esteban todavía domina la ciudad.

Pummerin, en la Torre del Águila, lugar desde el que se divisa toda la ciudad. Se puede bajar también a las catacumbas y contemplar las urnas de cobre que contienen las vísceras de los emperadores de la Casa de Habsburgo. En el ábside norte del coro hay un altar de madera tallado en 1447, mientras que en el ábside sur se encuentra el sepulcro en mármol rojo de Federico III. Este emperador elevó la ciudad a sede episcopal. En su honor, las iniciales de su divisa (cuya traducción aproximada sería "Austria está destinada a gobernar el mundo"), aparecen en las sillas del coro.

Hay visitas con guía todos los días, excepto los domingos, de 10.30 h a 15.00 h; y los domingos, a las 15.00 h.

De junio a septiembre hay visitas con guía los sábados a las 19.00 h, y en julio y agosto, otra suplementaria los viernes a la misma hora.

Las catacumbas están abiertas todos los días de 10.00 h a 11.30 h y de 14.00 h a 16.30 h, y la Torre del Águila, de 9.00 h a 17.30 h.

La Torre Sur está abierta todos los días de 9.00 h a 17.30 h. En los meses de invierno se cierra a las 16.30 h.

◆
STOCK IM EISEN PLATZ
*Prolongación de la
Stephansplatz*
El viejo árbol situado en la esquina de la calle Graben es el último vestigio que queda de los tiempos en que los Bosques de Viena (Wienerwald) rodea-

ban esta parte de la ciudad. Los viajeros medievales creían que clavar un clavo en el tronco daba buena suerte. Se pueden ver todavía muchos de esos clavos. Desde 1990 la Haas-Haus, uno de los edificios sobre los que más se habla en la ciudad en los últimos tiempos, domina la plaza.

URHENMUSEUM
Schulhof

Los aficionados a los relojes no deben dejar de visitar este museo. En él se exhibe una colección de magníficos relojes antiguos y modernos de todo

La Votivkirche desde el Ayuntamiento.

el mundo: relojes de mesilla, de cuco, de bolsillo y de pulsera, así como un extraordinario reloj astronómico construido por Rutschmann en 1769.

Abierto: martes a domingos, de 9.00 h a 16.30 h.

VOTIVKIRCHE
Rooseveltplatz

Esta iglesia, construida el siglo pasado, está consagrada al Salvador por haber salido ileso el emperador Francisco José de un atentado que sufrió en 1853. Contiene varios monumentos de carácter militar. En la capilla bautismal se encuentra el sepulcro renacentista del conde Niklas Salm, uno de los defensores de Viena durante el asedio turco de 1529.

Lugares de interés situados fuera de la Innere Stadt

◆◆
ALTE DONAU
Cruzar el Reichsbrücke y seguir por la Wagramerstrasse

Con buena voluntad, y siempre que haga sol, se podría calificar de "azul" este tramo del río conocido con el nombre del "Viejo Danubio". Los vieneses acuden aquí a practicar el deporte de la vela, la pesca y la natación. Metro U1.

◆◆
BEETHOVEN EN VIENA
Probusgasse 6 y Döblinger 92

Beethoven vivió en muchas casas durante los treinta y cinco años que residió en Viena. En 1800, encontrándose ya parcialmente sordo, el compositor se mudó a Heiligenstadt con la es-

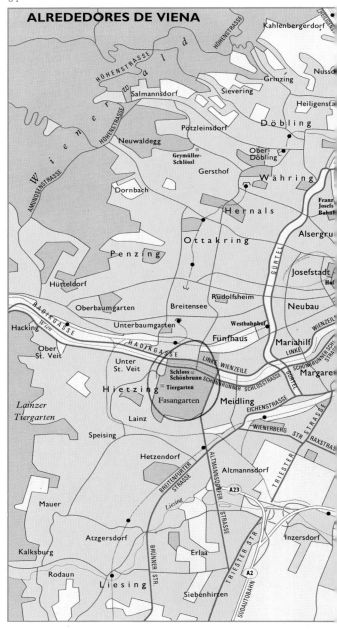

ALREDEDORES DE VIENA

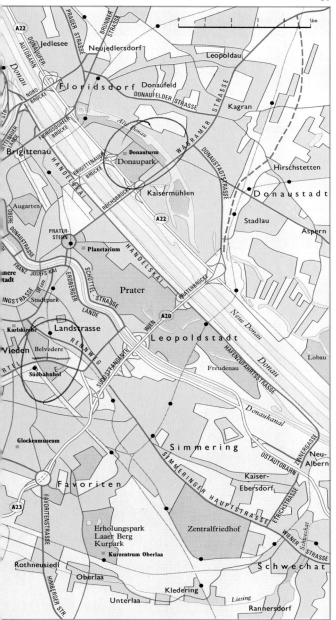

peranza de que las aguas del parque obraran una cura milagrosa. En la casa de la Probusgasse escribió el *Heiligenstadter Testament*, una amarga diatriba contra su sordera. No obstante, menos de un año después terminó su maravillosa *Segunda Sinfonía*.

Abierto: todos los días, excepto lunes, de 9.00 h a 12.15 h y de 13.00 h a 16.30 h.

◆◆◆
BELVEDERE
Prinz-Eugen-Strasse 27
El magnífico palacio del príncipe Eugenio de Saboya, rodeado de las espectaculares terrazas ajardinadas de Dominique Girard y adornado con cascadas de agua, fuentes y estatuas de figuras míticas, domina la Innere Stadt. Los antepasados del príncipe procedían de diversos países de Europa y él se crió en la corte de Luis XIV. El joven Eugenio huyó de la corte francesa y se enroló en el ejército austríaco como soldado raso. Libró su primera batalla en el año 1683 y fue ascendiendo hasta convertirse en mariscal de campo en la Guerra Turca de 1697. Utilizó las riquezas que le proporcionaron los éxitos mi-

litares para satisfacer su pasión por el arte y la literatura. Hoy día sus colecciones embellecen las estanterías y los muros de la Biblioteca Nacional y la Albertina. En 1714 Johann Lukas von Hildebrandt construyó el Unteres Belvedere (Belvedere Inferior) para que sirviera de residencia veraniega del príncipe. En la actualidad dicho edificio alberga el **Österreichisches Barockmuseum** (Museo Barroco), el cual constituye una importante muestra del florecimiento del arte aus-

Esfinge en el jardín del Belvedere.

tríaco en el siglo XVIII. Destacan la Sala Rottmayr, el elegante Salón de Mármol -decorado en el techo con un fresco de Altomonte-, y el espléndido Salón de los Espejos, donde se exhibe la *Apoteosis del Príncipe Eugenio*, escultura de Balthasar Permoser.

El segundo museo, situado en la Orangerie, es el **Museum Mittelalterlicher Österreichischer Kunst** (Museo de Arte Medieval). En él se exponen obras maestras de imaginería y escultura, pinturas y retablos, procedentes de todos los rincones del país.

Fachada superior del Belvedere.

El Oberes Belvedere, terminado en 1723, era el lugar donde el príncipe celebraba sus banquetes. En él se firmó, en 1955, el tratado por el que Austria recuperó su independencia tras la Segunda Guerra Mundial. Hoy día, los salones de recepción albergan la **Österreichische Galerie der 19 und 20. Jahrhunderts** (Museo de Arte Moderno). En el museo se advierte el desarrollo del Jugendstil, enfrentado al clasicismo del siglo XIX. Las obras más representativas se encuentran quizá en la segunda planta: *El beso* y *La señora Block*, de Gustav Klimt, y *La familia* y *La mujer del artista*, de Egon Schiele. Los visitantes que hayan visto en el Kunsthistorisches Museum el cuadro de Bellotto titulado *La ciudad vista desde el Belvedere* podrán comprobar, si se asoman a la terraza del Belvedere Superior, lo poco que ha cambiado la ciudad. Abierto: todos los días, excepto lunes, de 10.00 h a 16.00 h. Hay espectáculos de luz y sonido durante los meses de verano.

CASA DE FREUD
Berggasse 19
Una oportunidad para los estudiosos de Sigmund Freud de recorrer las salas de consulta del maestro, fielmente reconstruidas en la casa donde vivió desde el año 1891 hasta la invasión nazi de 1938.
Se conservan su mobiliario y algunas pertenencias, incluido el famoso diván, así como fotografías, documentos y cartas dirigidas a Jung.
Abierto: todos los días, de 9.00 h a 15.00 h.

DONAUPARK
Cruzando el Reichsbrücke, junto a la Hubertusdammstrasse
En este parque, situado entre el Viejo y Nuevo Danubio, hay varios jardines, un lago y zonas dedicadas a la práctica de actividades deportivas. Desde el teleférico se contempla una

magnífica vista de todo el recinto. En el piso superior de la Donauturm (Torre del Danubio), de 252 m de altura, hay dos restaurantes giratorios en los que se puede comer mientras se disfruta de una espléndida panorámica de la ciudad.

◆
GEYMÜLLER-SCHLÖSSL
Potzleinsdorfer Strasse 102
Construida para un rico banquero en el siglo pasado, esta mansión, tras ser restaurada, alberga en la actualidad la colección de relojes Sobek. En ella se exhiben unos doscientos relojes que ilustran las modas aparecidas en el campo de la relojería desde la época barroca hasta mediados del siglo XIX.
Abierto: martes y miércoles, de 11.00 h a 15.30 h.

◆
HAYDN MUSEUM
Haydngasse 19
Haydn vivió en esta casa de 1797 a 1809, año de su muerte. En ella compuso los oratorios *La Creación* y *Las Estaciones*. En el museo se exponen documentos y recuerdos relacionados con el compositor, incluida su máscara mortuoria. Se puede visitar también la habitación de Brahms.
Abierto: todos los días, excepto lunes, de 9.00 h a 12.15 h y de 13.00 h a 14.30 h.

◆◆
HISTORISCHES MUSEUM DER STADT WIEN
Karlsplatz 4
En este museo se exhibe todo lo relacionado con la historia de Viena. En cada una de las plantas se exponen unas maquetas que muestran el aspecto to de la ciudad en diferentes épocas de su historia, junto con objetos del período en cuestión, desde recipientes de barro de la época romana hasta farolas, vidrieras de la catedral de San Esteban u objetos de arte del siglo XX. Algunas de las piezas expuestas constituyen un verdadero microcosmos de la vida vienesa en sus distintas épocas.
Abierto: todos los días, excepto lunes, de 9.00 h a 16.00 h.

◆
JOSEPHINUM
Währingerstrasse 25
El Josephinum, fundado en 1785 por el emperador José II, era la facultad en la que se formaban los médicos militares. En la actualidad alberga el Museo de Historia de la Medicina. Se exhibe una amplia muestra de objetos ilustrativos del progreso de las ciencias médicas a lo largo de los siglos.
Abierto: todos los días, excepto sábados y domingos, de 9.00 h a 13.00 h.

◆◆
MUSEUM DES 20. JAHRHUNDERTS
Schweizergarten, pasando el Belvedere
El Museo del Siglo XX se encuentra en un edificio de acero y cristal diseñado por Karl Schwanzer para la Exposición Universal de Bruselas, de 1958. Se exhiben obras de artistas contemporáneos tales como Klee, Munch, Kandinsky y Wotruba. En los jardines se expo-

ne una importante colección de escultura, que incluye obras de Rodin, Henry Moore, Giacometti y Calder. En las oficinas de turismo se puede obtener información sobre las exposiciones temporales.
Abierto: todos los días, excepto miércoles, de 10.00 h a 18.00 h.

Riesenrad: la noria gigante.

◆◆◆
PRATER
Praterstrasse
El Prater es el parque de atracciones de Viena. Coto de caza en tiempos de Maximiliano II, ocupa una extensión de 1,2 ha y fue abierto al público en 1766. Su atracción más famosa, una gigantesca noria con un diámetro de 60 m y un peso de unas 425 toneladas, se construyó en 1896 con ocasión de la Exposición Universal. Fue reconstruida tras resultar dañada en la Segunda Guerra Mundial y brinda una magnífica panorámica de la ciudad. Se puede visitar, asimismo, la **Lusthaus** (Pabellón de Recreo), antiguo pabellón de caza reconstruido por José II en 1782, convertido hoy en un café-restaurante. Cerca de la gran noria de la Hauptallee se encuentra el **Planetario** (abierto: sábados y domingos, a las 15.00 h y a las 17.00 h, y una sesión infantil los domingos a las 9.30 h). El recinto alberga también el Museo del Prater (abierto: sábados y domingos, de 14.00 h a 18.30 h, de septiembre a julio).

◆◆◆
SCHÖNBRUNN
Schönbrunner Schlossstrasse 13
En 1696, Leopoldo I encargó a J. B. Fischer von Erlach que construyera un espléndido palacio imperial en una loma situada frente al edificio actual. Más tarde se cambió su emplazamiento, y se redujeron las dimensiones del proyecto hasta quedar convertido en una residencia de verano. El

palacio se terminó en 1730 y Carlos VI lo utilizó como pabellón de caza. Al arquitecto Nikolaus Pacassi se le encomen-

Schönbrunn desde la Gloriette.

dó la tarea de transformar el austero pabellón de caza en un palacio apropiado para la emperatriz María Teresa.

La visita al palacio permite contemplar algunos curiosos detalles hogareños de la época, como la sala donde desayunaba la emperatriz, que se encuentra decorada con bordados hechos por ella misma, o la Sala de Porcelana, donde varios de los dibujos a tinta china que se exponen fueron ejecutados por miembros de la familia imperial. A los 6 años de edad, Mozart dio su primer concierto ante la Corte en el espléndido Salón de los Espejos, estancia donde los ministros juraban su cargo ante la emperatriz. En el Salón Chino, que tiene forma circular y que está decorado con paneles de laca, se celebraban comidas íntimas. Para evitar que los criados molestaran a los comensales, se disponía en me-

Schönbrunn, refugio de los Habsburgo.

dio de la estancia una mesa con todo lo necesario para la comida. El dormitorio de María Teresa, decorado con tapices de Bruselas, pasó a llamarse Sala de Napoleón después de que el emperador francés pernoctara en el palacio camino de la batalla de Austerlitz. Su único hijo legítimo, el duque de Reichstadt, murió en ella de tuberculosis cuando contaba solo veintiún años de edad. Se exponen la máscara mortuoria y el pájaro disecado del duque. El palacio tiene varios salones de baile, un sala con miniaturas persas, el comedor de gala y las modestas habitaciones de Fran-

cisco José. Los magníficos jardines y el espléndido parque, con una extensión de 20.000 m^2, son de estilo francés y fueron diseñados por Jean Trebet en 1705. Más tarde se añadió la columnata de la Gloriette, proyectada por Von Hohenberg en 1775. Fuentes, figuras mitológicas y pérgolas adornan el parque. Hay también unas ruinas romanas ficticias, erigidas en 1778. A poca distancia del parque se encuentra el Schöner Brunnen (Pozo Hermoso), que el emperador Matías descubrió en 1615 y que dio nombre al palacio.

Hay también un famoso zoo, que fue fundado por Francisco I, marido de María Teresa, en 1762. Las antiguas caballerizas albergan hoy el Wagenburg Museum, en el que se exhiben carrozas reales, además de otros medios de transporte, como sillas de mano y trineos. Abierto: hay visitas con guía, de 8.30 h a 17.00 h, de abril a junio y en octubre; de 8.30 h a 17.30 h, de julio a septiembre, y de 9.00 h a 16.00 h, de noviembre a marzo. La Gloriette se puede visitar todos los días, de 8.00 h a 18.00 h, de mayo a octubre. El parque está abierto todos los días, desde las 6.00 h hasta el anochecer; y el museo Wagenburg también (excepto el lunes), de 10.00 h a 17.00 h, de mayo a septiembre, y de 10.00 h a 16.00 h, de octubre a abril. Línea de Metro U4.

◆
SCHUBERT MUSEUM
Nussdorferstrasse 54
La casa donde nació Schubert en 1797 ha sido cuidadosamente restaurada y en la actualidad alberga un museo donde se exponen recuerdos, retratos y manuscritos del compositor. Schubert murió treinta y un años después en el n° 6 de la Kettenbrückengasse (también abierta al público con el mismo horario).
Abierto: todos los días, excepto lunes, de 9.00 h a 12.15 h y de 13.00 h a 16.30 h.

◆
ST MARXER FRIEDHOF
Leberstrasse 6
Una visita interesante para los amantes de la música de Mozart. El gran compositor murió en la miseria en 1791 y se encuentra enterrado en este cementerio.
Abierto: 7.00 h a 18.00 h (de abril a septiembre), 7.00 h a 19.00 h (de mayo a agosto), 7.00 a 17.00 h (octubre), desde las 9.00 h hasta el anochecer (de noviembre a marzo).

Excursiones

◆◆
BADEN
A 30 km al sur de Viena
Los romanos fueron los primeros en advertir las propiedades curativas de los 15 manantiales de Baden, pero la ciudad no se convirtió en un lugar de moda hasta el siglo XIX gracias al patrocinio del emperador Francisco I. Los miembros de la nobleza que acudían a tomar las aguas construyeron en sus alrededores algunas residencias de verano. Mozart, Schubert y Listz fueron visitantes asiduos de la ciudad y Beethoven terminó en ella la *Novena Sinfonía*. El **Kurpark** (balneario) es el lugar más significativo de la ciudad; sus aguas sulforosas, que alcanzan una temperatura máxima de 35 °C, están indicadas para el tratamiento de las enfermedades reumáticas e intestinales. Al igual que muchas localidades balnearias, Baden tiene un casino, y el centro de la ciudad es zona peatonal.

◆◆◆
DÜRNSTEIN
A 64 km al oeste de Viena
Dürnstein es uno de los pueblos más bonitos del pintoresco tramo del Danubio conoci-

LUGARES DE INTERÉS

do con el nombre de "Wachau", y en él suelen hacer escala los barcos de turistas que remontan el río desde Krems. El pueblo era famoso por su castillo medieval, el **Kuenringerburg,** construido por los cabecillas de los Kuenringer, estirpe de piratas que vivían de extorsionar a los viajeros que pasaban por el río. El duque Leopoldo V tuvo recluido en dicho castillo a Ricardo Corazón de León durante el invierno de 1192, entregándolo posteriormente al emperador Enrique VI a cambio de una gran cantidad de dinero que sirvió para financiar la construcción de las nuevas murallas de Wiener Neustadt y una expedición a Sicilia. Se pueden visitar las ruinas del casti-

llo –destruido por los suecos en 1645– y que dominan todavía la ciudad, o encaminarse a la antigua iglesia abacial, con su hermosa puerta tallada en madera. La angosta calle principal, que discurre paralela al río, está bordeada de tiendas antiguas, añejas mansiones y cómodos cafés. El pueblo produce grandes cantidades de un refrescante vino Heuriger y un suave licor de albaricoque.

◆

EISENSTADT
A 45 km al sur de Viena
Eisenstadt, capital de la provincia de Burgenland, es cono-

Castillo de Dürnstein, antaño cárcel de viajeros.

cida, sobre todo, porque en ella vivió Haydn de 1762 a 1790 bajo la protección de un noble húngaro, el príncipe Nikolaus Esterhazy. Se pueden visitar algunas de las habitaciones y galerías del barroco palacio Esterhazy, incluido el Gran Salón, lugar donde Haydn tocaba ante la corte del príncipe. El nº 21 de la actual Haydngasse, casa donde vivió el compositor, alberga hoy un pequeño museo consagrado al músico. Dicho museo cuenta también con unas salas dedicadas a Listz y a la bailarina Fanny Elser. Haydn está enterrado en la iglesia parroquial de la ciudad. La carretera de Eisenstadt a Neusiedl, conocida con el nombre de **Weinstrasse** (carretera del vino), se encuentra bordeada de bodegas y de puestos en los que se venden vino y productos locales.

◆◆◆
KLOSTERNEUBURG
A 12 km al noroeste de Viena
Se cree que esta abadía agustina, situada en las lindes de los Bosques de Viena, la mandó construir el duque Leopoldo III de Babenberg en el lugar donde se encontró el velo de su prometida en 1106. El edificio primitivo, de estilo románico, ha sufrido importantes cambios. La estructura actual procede en su mayor parte del siglo XVIII, cuando Carlos VI concibió la idea de erigir un edificio comparable al monasterio de El Escorial.
El plan del monarca, que preveía la construcción de un gigantesco conjunto arquitectónico civil y religioso, dotado de cuatro amplios patios y de nueve cúpulas rematadas con coronas de los Habsburgo, se inició en 1730 según un diseño de Donato Felice d'Allio, pero las obras se interrumpieron a la muerte del emperador, ocurrida en 1740, y sólo se completaron dos cúpulas: la del imperio y la del archiducado de Austria. El estilo barroco alcanza su punto culminante en la Leopoldskapelle, que tiene un bello claustro gótico y alberga un altar de 1181, compuesto de 51 paneles esmaltados, con escenas bíblicas. En los edificios monásticos se encuentran el llamado Apartamento Imperial, el Salón de los Tapices, y el grandioso Salón de Mármol, además de un museo y varias bodegas.

◆◆
KREMS
A 58 km al oeste de Viena
Centro de una región vitivinícola, Krems es una ciudad medieval situada a orillas del Danubio y poblada de árboles, cuya paz sólo se ve interrumpida por el alegre tintineo de vasos que se escucha en los mesones de la Obere Landstrasse. Tras cruzar la Steiner Tor, puerta construida en el siglo XV, se llega a la **Dominikanerkirche,** templo que se levanta junto a la Pfarrplatz. Esta antigua iglesia dominica ha sido convertida en un museo de arte medieval, y en él se muestran frescos de Kremser Schmidt, pinturas religiosas de Franz Anton Maulbertsch, esculturas, muebles y objetos de metal. En el Hoher Markt, la plaza más antigua de la ciudad, se

alza el Gozzoburg, estructura con arcos, de estilo gótico, erigida en el siglo XIII.

La imponente abadía de Melk.

♦♦♦
MELK
A 76 km al oeste de Viena
La ciudad de Melk, famosa por su magnífica abadía benedictina, se asienta en un recodo del Danubio ubicado en la parte meridional de Wachau.

La imponente abadía barroca se levanta sobre un promontorio del río, empequeñeciendo la ciudad situada a sus pies. Construida a principios del siglo XVIII, ocupa el emplazamiento de una antigua fortaleza desde la que los Babenberg, predecesores de los Habsburgo, gobernaron el país a partir del siglo X. En 1106, el margrave Leopoldo II entregó la fortaleza a los benedictinos. Ésta sufrió más tarde un incendio y fue reconstruida en estilo gótico antes de llegar a su estructura actual, obra maestra de Jakob Prandtauer comenzada en 1702. El exterior, con sus apretadas hileras de ventanas, está coronado por dos recargados campanarios y una cúpula octogonal. Desde el Salón de Mármol, decorado con pinturas, y antes de entrar en la amplia biblioteca, que cuenta con unos 80.000 libros, manuscritos y documentos de gran valor, se accede a una terraza con magníficas vistas al río. La iglesia, profusamente engalanada con adornos dorados, tiene un altar mayor de Antonio Belduzzi, quien diseñó también el púlpito, el coro y los confesionarios.

◆
PETRONELL
A 38 km al este de Viena
Los aficionados a la arqueología tienen la oportunidad de visitar aquí las excavaciones de la antigua ciudad de *Carnuntum*, capital de la Panonia romana. En el siglo II fue un importante centro comercial, y en él se abastecían los miles de soldados romanos que se encontraban preparados para repeler un ataque de los bárbaros. Hay numerosas ruinas, incluido un anfiteatro romano, lugar donde se celebra un festival de verano, y un museo.

Senderos de los Bosques de Viena.

◆
SALMANNSDORF
A 6 km al oeste de Viena
Este pueblo es uno de los más antiguos de Austria. Franz Schubert y el abuelo de Johann Strauss vivieron en la Dreimarksteingasse. La gente suele ir a pie hasta el cercano pueblo medieval de Sievering, lo que constituye un agradable paseo.

◆◆◆
WIENERWALD
A 32 km al oeste de Viena
Los Bosques de Viena, con una extensión de 1.250 km², eran en su mayor parte coto de caza de la nobleza. Es una zona vitivinícola, con pueblos como **Gumpoldskirchen,** uno de los más bellos, con sus plácidos viñedos y su ayuntamiento del siglo XVI, o **Perchtoldsdorf,** localidad algo más grande, pero famosa también por sus caldos. En la ciudad vinícola de **Mödling,** cabe mencionar como lugares de

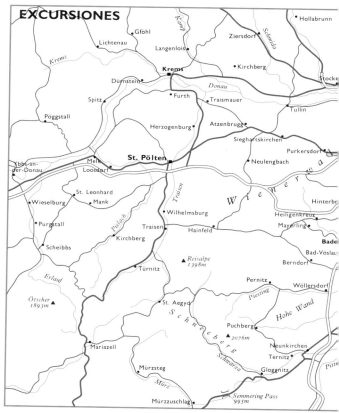

interés la Spitalkirche, templo del siglo XV, y la casa donde Beethoven trabajó en su *Missa Solemnis*. Se cree que el antiguo molino de **Hinterbruhl,** convertido hoy en hostería, inspiró el ciclo de canciones de Schubert titulado *La bella molinera*.

En los Bosques de Viena hay otros dos lugares de interés situados entre sí a sólo 3 km de distancia: **Mayerling** y la aba-día de Heiligenkreuz. En enero de 1889, el archiduque Rodolfo, hijo de Francisco José y heredero del trono, se suicidó, tras matar a su joven amante en un apartado pabellón de caza próximo a la localidad de Mayerling, después de que su padre se negara a anular su desgraciado matrimonio.

Las autoridades se esforzaron por todos los medios en mantener el hecho en secreto.

Se apresuraron a retirar el cuerpo de la joven amante, la baronesa María Vetsera, y lo enterraron en Heiligenkreuz. Francisco José ordenó la completa destrucción del pabellón y se sustituyó por un convento. La **abadía de Heiligenkreuz,** fundada en el siglo XII por Leopoldo III, fue el santuario más importante de la Casa de Babenberg. Se dice que el nombre de la abadía cisterciense, Santa Cruz, se debe a que bajo su altar mayor se conserva como reliquia un trozo de la cruz de Cristo, legado por el rey de Jerusalem a Austria en el siglo XII. Giuliani diseñó la sillería del coro de la basílica y la Columna de la Trinidad, o de la Peste, que se alza en el patio. En el lado meridional de la basílica hay un impresionante claustro del siglo XIII con 300 columnas rojas.

NATURALEZA Y PAISAJE

Flora y fauna en Viena y sus alrededores

Aunque las tierras de los alrededores de Viena y de la provincia de Burgenland son quizá las menos características de Austria, la fauna es en ellas rica y variada. Esta diversidad se debe, al menos en parte, a la situación geográfica de la capital. Se encuentra ubicada en el umbral de la Europa oriental, y la flora y la fauna de la región se compone de especies tanto del este como del oeste del continente.

A un día de viaje de la ciudad el turista puede encontrar desde bosques vírgenes hasta pastos alpinos. No obstante, la más importante atracción natural de Viena se halla casi a las mismas puertas de la ciudad. En el lago Neusiedler y en la zona de Seewinkel se encuentran algunos de los terrenos pantanosos más bellos de Europa, siendo visita obligada para el naturalista. Hay también vestigios de lo que debieron ser la Llanuras Húngaras en su época de mayor esplendor: una gran extensión de hierba, rica en flores, aves e insectos.

Los jardines del palacio de Schönbrunn

El palacio de Schönbrunn es, además de un lugar de interés histórico, un magnífico entorno natural. Los amantes de los pájaros, en particular, encontrarán una gran variedad de ellos. Las avenidas cubiertas de hojas son el lugar predilecto tanto

Fuente de las Náyades en Schönbrunn.

de los papamoscas papirrojos como de los papamoscas collarinos. Estos últimos se crían a veces en nidos artificiales. El papirrojo es un pájaro de plumaje gris y amarillo, pero con el pecho naranja. El collarino macho tiene un sorprendente plumaje blanco y negro. Estas aves migratorias se ven sobre todo en primavera, época en que cantan los machos. En los meses de julio y agosto cuesta verlas entre el follaje.

Tras dejar atrás los macizos de flores y subir la loma situada frente al palacio se llega a una zona semiboscosa. Entre los habitantes perpetuos de esta zona se encuentran las ardillas rojas y algunas aves, como trepadores azules y carboneros comunes. Algunos de ellos acuden cuando se les da de comer. Se ven también picogordos y picos medianos. Ambas especies están acostumbradas a la presencia del hombre y suelen brindar al paciente observador imágenes de gran belleza. Asimismo aparecen, a veces, grandes culebras de Esculapio a las que se ve tomar el sol entre los arbustos.

Pueblos

Muchos de los pueblos del este de Austria dan la impresión de no haber cambiado mucho a lo largo de los siglos. La vida discurre tranquila y pausada, lo cual se refleja en la variedad de la fauna, compuesta sobre todo de aves. Entre éstas, las cigüeñas comunes son el orgullo de la región. Se las ve con frecuencia, sobre todo en Rust y Illmitz, localidades próximas al lago Neusiedler.

NATURALEZA Y PAISAJE

La cigüeña blanca.

Con una envergadura de más de 1,5 m y una longitud superior a 1 m, la cigüeña blanca es una de las aves más grandes de Europa.

El plumaje blanco y las alas negras contrastan con el vivo color rojo de las patas y el pico. Las cigüeñas llegan a la zona de Viena en el verano y anidan en los edificios.

Existe la creencia de que traen suerte a las casas donde construyen sus nidos, y son muchos los hogares que tienen estructuras de madera para inducirlas a quedarse en ellos.

En la primavera, las parejas recién llegadas llevan a cabo complicados ritos, estirando el cuello y entrechocando los picos.

Las cigüeñas del este están acostumbradas a la presencia del hombre.

El lago Neusiedler

Situado a 48 km al sureste de Viena y a caballo de la frontera austro-húngara, el lago Neusiedler es uno de los más importantes hábitats húmedos de Europa. Tiene 36 km de largo y su anchura alcanza en algunos sitios los 10 km. Debido a su poca profundidad –alrededor de 1 m–, se encuentra bordeado casi totalmente de inmensos cañaverales. No cuenta con ningún desagüe natural y, en consecuencia, no es de extrañar que sus aguas sean ligeramente salinas.

Aunque sirven de refugio a las aves, los cañaverales dificultan la observación de éstas. No obstante, los caminos y carreteras que ponen en comunicación las orillas del lago con las localidades de Rust, Breitenbrunn, Weiden, Podersdorf-am-See y, sobre todo, Illmitz, ofrecen unas vistas inmejorables tanto de los cañaverales como del resto del lago. Durante el invierno, el lago Neusiedler y sus alrededores atraen gran cantidad de aves salvajes –más de 100.000 en los años propicios–, incluidos miles de ánsares caretos grandes y ánsares campestres. No obstante, las estaciones que pueden brindar mayores satisfacciones a los aficionados a los pájaros tal vez sean la primavera y el verano: decenas de miles anidan en la zona y muchos más son los que cruzan el cielo en el curso de sus migraciones.

Cualquier arbusto o árbol de los alrededores del lago puede albergar el nido de un pájaro moscón. Estos pajarillos construyen unos elegantes y complicados nidos en forma de jarra y los cuelgan de los extremos de las ramas al abrigo de cualquier peligro. Excepto en la época de cría, van en bandadas de cincuenta o más individuos y atraen la atención con sus agudos silbidos.

Los cañaverales albergan miles de aves en la época de la reproducción. Son comunes diversas especies de garzas, avetoros, garcillas y espátulas, a las que se suele ver al amanecer o al anochecer yendo en busca de alimento. A finales del verano el lago Neusiedler se convierte en escenario de una de las escenas ornitológicas más impresionantes de Europa: centenares de miles de golondrinas y aviones se posan en los cañaverales para pernoctar. Verlos y oírlos a la salida del sol o a la caída de la tarde constituye un espectáculo asombroso.

Para aquellos que estén dispuestos a soportar el ataque de los mosquitos, el amanecer y el anochecer son también los mejores momentos para ir en busca de especies menos visibles. Si uno se sienta tranquilamente junto a algún barrizal o claro de los cañaverales puede tener la satisfacción de ver alguna polluela pintoja o incluso una polluela chica. Estas aves, emparentadas con las fochas y las pollas de agua, se comportan siempre con timi-

Curruca de los cañaverales.

Los lagartos buscan el calor.

dez: su enigmático plumaje, con diversos tonos de color pardo y moteado en su mayor parte, dificulta su visión entre los juncos. Durante el verano, el lago alberga varias especies de aves salvajes, así como fochas, zampullines cuellinegros y somormujos lavancos. Cruzan también la zona fumareles aliblancos –a veces en bandadas muy numerosas– y pagazas piquirrojas. Se las ve con frecuencia sobre el lago, mezcladas en ocasiones con gaviotas cabecinegras. En el verano, la evaporación del agua reduce drásticamente las dimensiones del lago. Debido a su poca profundidad, una época de fuertes vientos puede también exponer a la vista grandes extensiones de barro en sus orillas. En ambos casos, queda al descubierto una zona rica en alimentos, de la que se aprovechan tanto las aves autóctonas como migratorias.

La región de Seewinkel

Esta región de tierras bajas, situada al este del lago Neusiedler, se encuentra salpicada de pequeños lagos y restos de pastos que en otros tiempos se extendían hasta más allá de la frontera húngara.

Algunas zonas, convertidas en parques naturales, constituyen un verdadero placer para el naturalista, y entre ellas vale la pena visitar el Oberstinkersee, el Zick Lacke, el Lange Lacke y el Zicksee. El Zic Lacke se halla al norte de la carretera que va de Illmitz a las orillas del lago Neusiedler. Una escondida elevación del terreno brinda magníficas vistas de las aves acuáticas que se encuentran a orillas del lago.

En el Lange Lacke se advierte la salinidad del agua en el tipo de vegetación que se cría en sus orillas. Plantas como el salicor, el áster marino, los juncos marineros y el berceo se asocian por lo general con ambientes marinos, pero crecen también en entornos de gran densidad salina. La composición del agua favorece también la presencia de varias especies de aves, como las espátulas y las avocetas. Miles de aves zancudas y golondrinas de mar cruzan la zona en la época de las migraciones. La mayor variedad suele alcanzarse en otoño, estación en la que algunas aves tienden a quedarse más tiempo que en la primavera abasteciéndose de alimento.

Los pastos circundantes albergan algunas especies de pulsatila y de espolín que se asocian más con las estepas rusas o con los vestigios de las llanuras húngaras ("pusztas"). En verano abunda también la verónica, con sus características espigas, mientras que los grillos de matorral, los grillos comunes y los lagartos ágiles corretean por la vegetación.

La región de Seewinkel es el único sitio de Europa en donde hay todavía víboras de los prados, que lucen un bonito dibujo en zigzag en su parte superior y que están a punto de extinguirse. Al igual que en el caso de las plantas y demás animales de este hábitat estepario, el principal motivo de su declive reside en la parcelación del terreno y su transformación en tierras de labranza.

La llanura de Tadten

Este paisaje situado al sureste de Seewinkel, aunque ahora se compone en gran medida de tierras de labor, todavía tiene zonas naturales. Éstas son bastante parecidas a las que quedan en la región de Seewinkel, pero más amplias, lo que, unido a la menor influencia humana, posibilita la pervivencia de una de las aves más magníficas de Europa: la avutarda.

A pesar de su gran tamaño, mayor que un pavo de largo cuello, las avutardas son aves tímidas y enseguida abandonan una zona si la altera el hombre o se modifica el hábitat. Dependen de las grandes extensiones herbáceas más que ninguna otra ave para su supervivencia, por lo que no es de extrañar que sean también las que más han padecido las consecuencias del "progreso" agrícola, que ha destruido implacablemente su hábitat tanto en Europa del Este como del Oeste. Excepto en la época de reproducción, se las suele ver en pequeñas bandadas al sur y al este de Tadten y Wallern. El coche puede ser un buen puesto de observación, pero es imposible acercarse a ellas: tienen muy buena vista y son muy cautelosas, por lo que huirán inmediatamente si se sale del vehículo. La organización de defensa de la naturaleza Worl Wide Fund tiene aquí una reserva, a la que está

NATURALEZA Y PAISAJE

prohibido acceder y sólo se se puede contemplar desde una atalaya.

Los extensos campos de labranza de la llanura de Tadten son ideales para aves de presa, como, por ejemplo, el aguilucho cenizo y el ratonero común. Son famosos también por el cernícalo patirrojo, que visita la zona en pequeñas bandadas a finales del verano, para dispersarse por Hungría en la estación de reproducción.

En el canal de Einser, que marca el límite entre Austria y Hungría, abundan las aves de pequeño tamaño cuyo hábitat son los matorrales y cañaverales, y también las garzas, garcillas y avetoros, que se alimentan de los numerosos anfibios presentes en la zona. Se ven cigüeñas y aves de presa revoloteando sobre la frontera húngara.

Reserva Natural de Machauen

Situada cerca del pueblo de Marchegg, en la frontera de Checoslovaquia, esta reserva tiene algunos de los bosques ribereños mejor conservados de Europa.

Los antiguos meandros del río March forman una hilera de charcas, ciénagas y lagunas que señalan el límite oriental del bosque y la frontera nacional. Los prados aluviales añaden variedad al paisaje. La mitad de la zona está protegida por el World Wide Fund for Nature, mientras que el resto es de propiedad privada. Marchauen está cruzada por una red de caminos. Aunque el acceso a la zona arbolada es fácil, en verano hay que estar preparado para el ataque de los mosquitos, que en los calurosos días de julio y agosto convierten la zona en uno de los lugares más desagradables de Europa.

Uno de los primeros espectáculos que aparecen ante los ojos del visitante es la colonia de cigüeñas comunes que anidan en edificios y árboles. A veces se ven también algunas cigüeñas negras volando en círculos; pero el Monumento al Águila, de Marchegg, desde el que se domina el río March y Checoslovaquia, es mucho más apropiado para contemplar esta especie. La superficie del agua suele estar cubierta de nenúfares, plantas que protegen y proporcionan sombra a los peces, ranas y sapos del río. No obstante, estos animales son la dieta básica de las garzas reales y los martinetes.

En Marchauen se ven varias especies de picamaderos, siendo el más notable el pito negro, ave del tamaño de un cuervo que hace agujeros en los troncos de los árboles viejos. Hay otras aves que también dejan señales delatando su presencia y actividades. Por ejemplo, en laderas y prados se ven a menudo nidos de avispas y abejas destruidos por halcones abejeros que van en busca de larvas.

A los visitantes les alegrará saber que no todos los insectos son tan hostiles como los mosquitos. La variedad de mariposas es muy grande e incluye macaones, guirnaldas del sur, bellezas de Camberwell, fritillarias reinas de España y planeadoras húngaras, que resultan tan atractivas y misteriosas como indica su nombre. Se ven sobre todo en los prados, donde abundan también plantas tan especiales como los cardos del género *Echinops* y el clavel de Deptford.

Para llegar a Marchegg, hay que dirigirse al noreste desde Viena y luego al sur por la carretera 49.

Hohe Wand

El paisaje del parque natural de Hohe Wand, que se encuentra a 50 km al suroeste de Viena, cerca de Wiener Neustadt, contrasta notablemente con el terreno llano y ondulante de los alrededores de la ciudad. El nombre de la zona, Hohe Wand o Alta Pared, es muy apropiado, ya que desde las praderas y las tierras de labranza se elevan imponentes acantilados hasta formar una meseta cubierta de bosques.

Una mariposa Apolo.

Los acantilados son peligrosos y no es recomendable escalarlos. No obstante, se pueden contemplar desde su base o desde la meseta (hay un camino que sube serpenteando hasta ella). Desde arriba las vistas son excelentes.

Los prados situados a los pies de los acantilados tienen muchas variedades de flores y, por tanto, de mariposas, como las blancas del majuelo, las quelonias y las calimorfas. Abundan también los saltamontes, los grillos de matorral y los grillos comunes.

Los claros de la cima, al borde del acantilado, son como prados alpinos en miniatura, y están llenos de flores, como los camedrios y la mejorana, e insectos, como el saltamontes alpino, las mariposas cobrizas y la mariposa apolo. Esta última es una especie de gran tamaño y vivos colores, y el mejor momento para estudiarla y fotografiarla es al anochecer, cuando se posa en las

NATURALEZA Y PAISAJE

Un arroyo entre los bosques de Viena.

flores para recibir los últimos rayos del sol.

Desde el borde de los acantilados se ven aves de presa revoloteando.

Se pueden contemplar también rebecos. A pesar de lo accidentado del terreno, estos elegantes animales, del tamaño de una cabra y parientes próximos de los antílopes, no tienen ninguna dificultad en franquear las zanjas, saltando con una sorprendente rapidez y agilidad.

Los Bosques de Viena

Al oeste de la capital austríaca se encuentran los Bosques de Viena o "Wienerwald", paraje habitual de las excursiones campestres.

A pesar de lo cerca que están de la ciudad, los bosques albergan una gran cantidad de plantas, aves e insectos.

En Lainzer Tiergarten, antiguo coto de caza convertido ahora en reserva natural, hay también una amplia variedad de grandes mamíferos, como corzos, ciervos, gamos y jabalíes. En los bosques predominan las hayas, los robles, los olmos y los arces.

Abundan las aves, pero la mejor época para verlas es el verano, cuando cantan para atraer a su pareja. Resulta fácil distinguir el canto de la oropéndola, que es un silbido agudo y aflautado.

En primavera, los claros de los hayedos se adornan de berros de los prados, y a su debido tiempo, aparecen especies que necesitan menos sol, como por ejemplo *las orquídeas Neotia*, las zanahorias amarillas, los amaros y los eléboros.

GASTRONOMÍA

Comida

No hay duda de que a los austríacos les gusta comer bien y, para ello, pueden escoger entre acudir a un bar, un *Beisl*, una taberna popular o un restaurante de lujo. Lo primero que hay que tener en cuenta es la cantidad, ya que la cocina austríaca tiende a ser un poco pesada y las comidas son muy abundantes. Otra cosa que hay que considerar es que muchos de los platos son un reflejo del antiguo Imperio: *Knödel* importados de Bohemia, *goulash* húngaro, coles rellenas de Polonia, etc., y, por tanto, resulta difícil decir lo que es o no típicamente austríaco. Si hay algo típicamente vienés, es el *Wienerschnitzel*. No hay comida vienesa en donde no esté presente este filete de ternera empanado, que, como es sabido, se ha popularizado lo suficiente como para cruzar las fronteras del país. Suele acompañarse con una ensalada de patatas o de pepinos o con unas patatas salteadas (*Geröstete*). El *Wienerbackhendl* (pollo frito) se prepara de un modo similar. El *Tafelsplitz*, una nutritiva versión vienesa del estofado de vaca, era el plato favorito del emperador Francisco José. Un elemento presente siempre en la cocina austríaca son los *Knödel* (albóndigas). Pueden formar parte de cualquier plato, desde sopas, en forma de *Leberknödel* (albóndigas de hígado), hasta postres. En este caso están rellenos de un cremoso queso (*Topfenknödel*) o de albaricoque (*Marillenknödel*).

Callejeando por Viena.

Debido a la larga pertenencia de Hungría al imperio de los Habsburgo, el *goulash* es inseparable de la cocina austríaca. Al igual que la salsa *Debrecziner* y las innumerables y espesas sopas austríacas, sirve para entrar en calor en los meses de invierno. Las sopas de frutas, importadas sin duda de Hungría, son también muy corrientes, y se pueden servir calientes o frías. La oca asada acompañada de albóndigas y lombarda procede sin duda de Polonia, pero es un plato muy popular en Austria, sobre todo en Navidades. Otros platos populares son los *Cavapcici* (albóndigas de carne) y los *Schaschlik* (especie de pinchos morunos), que fueron importados de Yugoslavia. Los bares donde sirven comidas forman parte también de la vida vienesa. Algunas carnicerías y pescaderías cuentan con su propio bar-restaurante. No obstante, se puede acudir también a un *Würstelstand*, puesto callejero donde se venden unos magníficos perritos calientes, sazonados con mostaza y una gran variedad de salsas –Frankfurter, Debreziner, Krainer o Burenwürst–, y acompañados por lo general de un panecillo *Kaiser-semmel*. El *Semmel* es un pequeño trozo de pan blanco apropiado para quesos y fiambres. Hablando de panes, no se debe dejar de probar el *Bauernbrot* o *Landbrot*, un grueso y crujiente pan de centeno, o el *Vollkorn*, un pan integral que se conserva durante varios días.

Los vieneses son tan golosos, que acompañan casi todo con nata, desde los *Palatschinken*, unas tortas rellenas con jamón y nueces, hasta los deliciosos *Apfelstrudel*, pasteles de manzana sazonados con pasas y canela.

La lista de artículos de pastelería es interminable, pero nin-

Lo tradicional en un café vienés: Sachertorte, Apfelstrudel y Kapuziner.

guno tan famoso como la *Sachertorte*, un sabroso pastel de chocolate hecho con mermelada de albaricoque y nata batida. Se confecciona de mil maneras distintas, pero el mejor es el que sirven en el hotel Sacher.

No se puede decir que se conoce Viena sin haber entrado en una *Konditorei* (pastelería) o en un *Kaffehaus* (café). En Viena, el café es un arte. Si se pide un *Portion Kaffee*, servirán un café solo, junto con una pequeña jarra de leche caliente; pero para desayunar los vieneses suelen tomar una *Melange*, una gran taza de café con leche. Si se pide un *Braunen*, servirán un café cortado. El *Mokka* es un café solo y muy fuerte que se sirve en una taza pequeña. Si se quiere con una o dos cucharadas de nata montada, no se tienen más que añadir la expresiones *mit Schlag* o *Doppelschlag*. El *Einspänner* es también café con nata montada, pero servido en un vaso grande. El *Türkischer Kaffe* es un café espeso y dulce que procede de los Balcanes. Al parecer, los austríacos deben el conocimiento del café a las tropas turcas que invadieron el país en el siglo XVII. Según una leyenda popular, la apertura del primer café vienés, que se hallaba situado en la Domgasse, tuvo por origen la captura de algunas bolsas de café en el curso del conflicto bélico. En la época de María Teresa había numerosos cafés, y se consideraba un signo de distinción pasar el tiempo en ellos hablando de política o de arte.

Los más importantes, como el Griensteidl, el Café Central o el Herrenhof, se convirtieron en lugares de moda, donde se hacía vida social y se discutía de negocios. Otros, con su ambiente acogedor, proporcionaban una alternativa a establecimientos más fríos y solitarios. En Viena existen todavía cafés a la vieja usanza, si bien en menor número que antes. En ellos un capuchino, por ejemplo, cuesta más caro, pero, a diferencia de lo que ocurre en cafés más modernos, se puede disfrutar de un ambiente tranquilo.

Los restaurantes pueden tener de uno a cinco tenedores dependiendo de su categoría. No se debe olvidar que algunos cierran en julio y agosto por vacaciones. Sin embargo, los restaurantes de los hoteles de lujo están abiertos todo el año.

Restaurantes de lujo

Algunos hoteles tienen restaurantes que entran dentro de esta categoría. Ése es el caso del famoso restaurante modernista del hotel Bristol, el Korso, uno de los mejores de la ciudad. Por lo general, los restaurantes de lujo ofrecen en sus cartas tanto platos austríacos como extranjeros, pero algunos sirven también menús a precio fijo y para *gourmets*. Esta última modalidad se encuentra, por ejemplo, en el **Vier Jahreszeiten,** del hotel Intercontinental, y en el **Zur Majestät,** del hotel Imperial.

Restaurantes austríacos

El **Zu den 3 Husaren,** Weihburggasse 4 (tel. 512 10 92), es uno de los más lujosos y famosos. Es un establecimiento muy céntrico en el que se puede disfrutar de un genuino ambiente vienés y en el que se sirven todos los platos que merece la pena probar. En el **Stadtkrug,** Weihburggase 3 (tel. 512 79 55), la música de cítara proporciona un ambiente acogedor. La especialidad del **Zum König von Ungarn,** Schulerstrasse 10 (tel. 512 53 19), es el *Tafelspitz.*

El **Kupferdachl,** Schottengasse 7 (tel. 63 93 81), no es tan caro como los anteriores y ofrece platos austríacos clásicos y ligeros. Es un buen lugar para cenar antes de acudir al teatro. El **Restaurant im Mailberger Hof,** Annagasse 7 (tel. 513 40 82), dispone de una terraza de verano. El **Serviette,** Wiedner Haupstrasse 27-29 (tel. 501 11 325), es un agradable restaurante típicamente vienés, en el que se sirven exquisitos platos característicos de cada estación del año, mientras que en el **Wiener Rathauskeller,** Rathausplatz 1 (tel. 42 12 19), quizá uno de los restaurantes de lujo más tradicionales de la ciudad, se puede comer mientras se escucha música. Entre los restaurantes de cuatro tenedores, el **Carrousel Vienne,** Krugerstrasse 3 (tel. 512 73 97), brinda al cliente la tradicional hospitalidad vienesa a nivel internacional. El **Gösser Bräu,** Elisabethstrasse 3 (tel. 587 47 50), se asemeja más a una típica Bierkeller, mientras que en el **Paulusstube,** Walfischgasse 7 (tel. 512 81 36), se puede tener la seguridad de saborear un buen vino del país. El **Sirk-**

Rötisserie, Karntnerstrasse 53 (tel. 515 16 552), es ideal si se piensa ir después a la ópera. El **Stadtbeisl,** Naglergasse 21 (tel. 533 33 23), es un mesón de ambiente intimista, situado en el corazón de la capital, mientras que el **Zum Laterndl,** Landesgerichtsstrasse 12 (tel. 43 43 58), es un establecimiento tradicional muy conocido en la ciudad.

Con precios más bajos están el **Am Lugeck 7,** Lugeck 7, (tel. 512 79 79); el **Zum Bettelstudent,** Johannesgasse 12 (tel. 513 20 44); o el **Zur Linde und Lindenkeller,** Rotenturmstrasse 12 (tel. 512 21 92).

Restaurantes de la Europa del Este

El **Dubrovnik,** Am Heumarkt 5 (tel. 713 71 02), es un restaurante bueno, pero caro, especializado en cocina yugoslava. El **Winzerhaus,** Rotenturmstrasse 17 (tel: 63 95 82), es un establecimiento, no excesivamente caro, en el que se deja sentir la influencia polaca. En el **Feuervogel,** Alserbachstrasse 21 (tel. 341 03 92), sirven exquisitos platos rusos, aunque a un precio elevado. Por lo que se refiere a los restaurantes húngaros, hay que decir que son numerosos y que en la mayoría se puede degustar el *goulash* mientras se escucha música húngara. Entre los mejores se encuentran el **Csarda im Hotel Hungaria,** Rennweg 51 (tel. 713 25 21); el **Csárdásfürstin,** Schwarzenbergstrasse 2 (tel. 512 92 46); el **Mathiaskeller,** Maysedergasse 2 (tel. 512 21 67); y el **Ungar-Grill,** Burggasse 97 (tel. 93 62 09).

Otros restaurantes europeos

La especialidad de **Chez Robert,** Gertrudplatz 4 (tel. 43 35 44), es el pescado fresco preparado al estilo francés, pero se encuentra algo alejado del centro. Por el contrario, el **Salut,** Wildpretmarkt 3 (tel. 533 13 22), cuya especialidad es también el pescado, se encuentra en un lugar céntrico. Los restaurantes griegos suelen ser caros; se aconseja ir al **Der Grieche,** Barnabitengasse 5 (tel. 587 74 66); o al **Schwarze Katze,** Girardigasse 6 (tel. 587 06 25). Las pizzerías abundan en Viena. Una buen elección es el **Grotta Azzurra,** Babenbergerstrasse 5 (tel. 586 10 44) en el que se sirve una magnífica comida italiana, con especial hincapié en la pasta y el pescado. El **Pulcinella,** Alser Strasse 29 y Kochgasse 36 (tel. 42 91 76), confecciona su propia pasta, mientras que en el **Ristorante Firenze Enoteca,**

La meca de los golosos: deliciosas y tentadoras pastas y pasteles.

Singerstrasse 3 (tel. 52 46 31), se respira un genuino ambiente florentino.

Otros restaurantes italianos menos caros son el **Bistro Rebhuhn,** Goldschmiedgasse 8 (tel. 533 61 55); el **Ristorante Da Gino e Maria,** Rechte Wienzeile 17 (tel. 587 45 70); y el **Ristorante da Luciano,** Sigmundsgasse 14 (tel. 93 58 043). El famoso **Kervansaray,** Mahlerstrasse 9 (tel. 512 88 43), es un restaurante turco excelente, aunque caro.

Cocina oriental

La comida india se ha hecho muy popular en Viena. Uno de los mejores restaurantes indios es el **Demi Tasse,** Prinz-Eugene-Strasse 28 (tel. 650 90 25). Música de sitar acompaña la ingestión del *Tandoori* y de otros platos hindostánicos en

Barco-restaurante en el Danubio Azul.

Rani, Otto-Bauer-Gasse 21 (tel. 56 51 11); y en el **Taj Mahal,** Nussdorferstrasse 38 (tel. 34 51 01). Los vieneses muestran una cierta inclinación por el **Maharadascha,** Göldorfgasse 1/Salzgries 16 (tel. 63 74 43). El **Koh-i-noor,** Marc-Aurel-Strasse 8 (tel. 533 00 80), restaurante barato y céntrico, es otro de los preferidos por los habitantes de la capital.

Hay muchos menos restaurantes japoneses que chinos, pero entre los mejores se encuentran el **Mitsukoshi,** Albertinaplatz 2 (tel. 512 27 07); y el **Sushi-Yu,** Ungargasse 6 (tel. 713 89 14).

Restaurantes vegetarianos

El **Estakost,** Währingerstrasse 57 (tel. 425 06 54) sirve una excelente comida vegetariana y ofrece también un menú para diabéticos. Las especialidades del **Hartberger Ringstuben,** Währingerstrasse 33-35 (tel. 43 33 35), son los productos integrales, las pizzas de gran tamaño y las ensaladas. Los productos integrales aparecen también en el menú del **Restaurant Burgtheater,** Teinfalstrasse 8 (tel. 533 55 56). El **Siddhartha,** Fleischmarkt 16 (tel. 513 11 97), ofrece un menú muy variado, pero es un poco caro. El **Restaurant Wrenkh** cuenta con dos establecimientos, al que acuden jóvenes vegetarianos atraídos por sus precios razonables y sus buenos vinos. El más céntrico, situado en Baumarkt 10 (tel. 535 33 62), tiene también un café en el que sirven comidas ligeras calientes y frías.

Nouvelle Cuisine

Se pueden hacer tres recomendaciones dirigidas, sobre todo, al público más joven: el **Hedrich,** Stubenring 2 (tel. 512 95 88), puede parecer un simple bar, pero está atestado siempre de gente y sirve una excelente comida; **Der Pfiff um Die Ecke,** Wilhelm-Exner-Gasse 23 (tel. 31 11 03), un delicioso restaurante de pequeñas dimensiones, cuyas cartas están escritas a mano y que cuenta con una buena reserva de vinos; y el **Peter's Beisl,** Arnethgasse 98 (tel. 46 53 75), durante el día una taberna tradicional y por la noche un restaurante en el que se sirven platos típicos de la *nouvelle cuisine.*

Comida rápida y económica

De la cadena de bares-restaurantes **Naschmarkt** se pueden recomendar los establecimientos situados en Schottengasse 1, Schwarzenbergplatz 16 y Mariahilfer Strasse 85.

El **Chattanooga-Snackbar,** Graben 29a, es también un bar-restaurante de primera clase. La cadena **Nordsee** tiene establecimientos en Kohlmarkt 6, Naschmarkt; y en Marienhilfer Strasse 34 y 84. Sirven unos magníficos sandwiches en el céntrico **Duran & Co.,** Rotenturmstrasse 11, y en el **Schwarzes Kameel,** Bognergasse 5, donde venden también comida para llevar.

Uno de los bares-restaurantes más típicos de Viena es el **Trzèsniewski,** Dorotheergasse 1 y Mariahilfer Strasse 28-30, donde se puede acompañar la comida con una caña de cerveza o una refrescante sidra *(Apfelmost).* De ambiente más informal son las cafeterías situadas en Führichgasse 10, Universitätsstrasse 7 y Ebendorferstrasse 8.

Los aficionados a la comida rápida poco inclinados a la experimentación pueden recurrir a los típicos **McDonald,** cadena cuyos establecimientos más céntricos están en Schwarzenbergstrasse 17; Johannesgasse 3 y Schwedenplatz 3 y 4. **Pizza-Paradies** es una de las cadenas de pizzerías más importantes, pero los establecimientos de pizzas mejores y más céntricos son la **Pizzeria-Restaurant Adriatic,** Habsburgergasse 6-8 (tel. 533 50 04), y la **Pizzeria Grenadier,** Kärntnerstrasse 41 (tel. 51 27 794).

Barcos-restaurantes

Si se quiere bailar un vals, hay que dirigirse al **DDS Johann Strauss,** barco anclado en Schwedenplatz-Kleine Donau (tel. 63 93 67). Se puede escoger también el **MFS Theodor Körner,** que se encuentra en la DDSG-Schiffsstation, Handelskai 265 (tel. 216 44 44).

Cafés

Los cafés son tradicionales lugares de reunión en los que se puede leer el periódico –la mayoría de estos establecimientos dispone de prensa extranjera–, charlar, jugar al ajedrez o al billar. Los más famosos son los siguientes: el **Bräunerhof,** Stallburggasse 2, un antiguo y agradable café regentado por gente joven en el que se puede escuchar música de vals y opereta los sábados y domingos por la tar-

GASTRONOMÍA

de. El **Demel,** Kohlmarkt 14, destaca por su ambiente.

Casi siempre está lleno y es muy popular entre los turistas. En el **Hawelka,** Dorotheergasse 6, suelen reunirse artistas, anticuarios y escritores. El **Landtmann,** Dr Karl-Lueger-Ring 4, pertenece al círculo selecto de cafés situados en la Ringstrasse.

El **Café Museum,** Friedrichstrasse 6, antiguo establecimiento decorado y frecuentado por Adolf Loos, resulta ideal para jugar al ajedrez. El **Prückel,** Stubenring, 24, está animado con música de piano. Una espléndida restauración ha convertido el **Sperl,** Gumpendorfer Strasse 11, en una pieza de exposición, con mesas de mármol, sillas modernistas y mesas de billar. Otro cafe restaurado, que data de los comienzos de la Ringstrasse, es el **Schwarzenberg,** Kärntner Ring 17.

Se recomiendan también los siguientes: el **Central,** Herrengasse 14, un café antiguo modernizado, situado en el palacio Ferstel. A pesar de su amplitud, el **Elies,** Josefstädter Strasse 2, tiene un ambiente bastante acogedor. El **Café Haag,** Schottengasse 2, es un establecimiento frecuentado sobre todo en los meses de verano, gracias a la terraza que tiene en el patio del antiguo monasterio de Schotten. El **Hummel,** Josefstädter Strasse 66, empieza el día con estupendos desayunos y dispone de un amplio menú hasta altas horas de la noche.

El suntuoso café Demel.

Konditorei (pastelerías)

Entre los mejores salones de té y pastelerías del centro se encuentran: **Demel; Gerstner,** Kärntnerstrasse 15; **Heiner,** Kärntnerstrasse 21-23; **Kurtcafé-Konditorei im Oberlaaer Stadthaus,** Neuemarkt 16; **Lehmann Louis,** Graben 12; **Sluka,** Rathausplatz 8, y **Schindler,** Löwengasse 44.

Heladerías

Merece la pena visitar **Alberti,** Praterstrasse 40, cuya especialidad son unos exóticos cócteles de helado; **Benner,** Prager Strasse 37, algo apartado pero interesante por sus maravillosos sorbetes y *parfaits*. **Callovi,** Tuchlauben 15a; **Frigo,** Dr Karl-Lueger-Plazt 2, especializado en copas de helado con fruta; **Kierger,** Ratschkygasse 14, tampoco muy céntrico, pero con estupendas tartas heladas; **Molin-Pradel,** Franz-Josefs-Kai 17, notable por su variedad; **Tichy,** Reumannplatz 13, que se llama a sí mismo el "palacio de los helados", y, por último, **Valcak,** Simmeringer Hauptstrasse 48.

GASTRONOMÍA

Bebidas

Si se prefiere una cerveza o un vaso de vino hay que buscar un *Beisl* o un letrero que diga *Bierstube* o *Weinstube*. La cerveza austríaca suele ser bastante fuerte y tener mucho sabor –la marca local es Gösser–; pero los austríacos prefieren el vino, que se sirve a cualquier hora del día en pubs, bares, e incluso cafés. El de buena calidad es casi siempre blanco.

Merece la pena probar las variedades vienesas, como el Grinzinger, Nussdorfer, Sieveringer y Neustifter, o las ligeramente espumosas del Danubio, tales como Kremser, Dürnsteiner o Langeloiser.

Cualquier sitio es bueno para tomar un vaso de vino, pero, según la tradición, es mejor hacerlo, sobre todo en las tardes de verano, en las *Heurigen* situadas en los viñedos de las afueras. *Heuriger* significa "de temporada" y un *heuriger Wine* es un vino nuevo o joven, que deja de serlo al realizarse la cosecha siguiente. Los productores no necesitan permiso de venta para servir este vino en sus propios locales. No tienen más que poner una rama de pino encima de la puerta para anunciar la nueva cosecha. En las auténticas *Heurigen* no hay cocina, y los clientes pueden llevar su propia merienda; no obstante, en la mayoría se sirven comidas. La música de acordeón contribuye a atraer el turismo.

Beisls

Antes había en cada esquina un *Beisl*, típica taberna vienesa donde todavía hoy se puede tomar una reconfortante comida, acompañada de un litro de cerveza o mosto.

Se recomiendan los siguientes lugares: **Bestei-Beisl,** Stubenbastei 10 (tel. 512 43 19), con un romántico ambiente de luz de gas; **Antiquitäten-Keller,** Magdalenenstrasse 32 (tel. 566 95 33), de ambiente acogedor; **Piaristenkeller,** Piaristengasse 45 (tel. 42 91 52), muy frecuentado desde 1816 y animado con música de cítara; **Lindenkeller,** Rotenturmstrasse 12 (tel. 512 21 92), ideal para tomar un estupendo *Tafelspitz* en un local histórico; **Thomaskeller,** Postgasse 2 (tel. 512 74 46), también histórico; **Urbani-Keller,** Am Hof 12 (tel. 63 91 02). Particularmente notables por la comida son: **Gasthaus Bauer,** Schottenbastei 4 (tel. 533 61 28), albóndigas y tarta de manzana a buen precio; **Gasthaus Heidenkummer,** Breitenfeldergasse 18 (tel. 42 91 63), generosas raciones servidas en una agradable taberna con terraza; **Gasthaus Reinthaler,** Gluckgasse 5 (tel. 512 33 66), comidas calientes durante todo el día a un precio módico; **Gasthaus Smutny,** Elisabethstrasse 8 (tel. 587 13 56), cocina vienesa y bohemia tradicional, con buenos postres; **Schweizerhaus,** Prater, Strasse des 1 Mai 116 (tel. 218 01 52), famoso por los platos de cerdo asado y la cerveza de barril; **D'Landsknecht,** Porzellangasse 13 (tel. 34 43 48), postres caseros a precios razonables; **Zu den 3 Hacken,** Singerstrasse 28 (tel. 512 58 95), una de las tabernas más antiguas del centro, con un menú amplio y barato; **Zur Goldenen Glocke,** Kettenbrückengasse 8 (tel. 587 57 67), especialidades vienesas en una terraza con mucho ambiente; **Zu Den 2 Lieseln,** Burggasse 63 (tel. 93 32 82), abundantes raciones de comida casera; **Zur Weinperle,** Alserbachstrasse 30 (tel. 34 32 52), vale lo que cuesta; **Zwölf-Apostel-Keller,** Sonnenfelsgasse 3 (tel. 512 67 77), amplia selección de vinos en un local de sabor histórico.

Heurigen

La zona vitivinícola más famosa (y popular por sus *Heurigen)* es **Grinzing,** donde se encuentran unas 20 tabernas *Eigenbau,* es decir, que elaboran su propio vino.

La mayoría tiene amplias terrazas, comidas o aperitivos, vinos tintos y blancos y música.

Las siguientes están abiertas todo el año:
Bach-Hengl, Sandgasse 7-9; **Berger-Raimund,** Himmelstrasse 29; **Ing Hengl Ferdinand,** Iglaseegasse 10; **Rockenhauer Otto,** Sandgasse 12.

Abren por temporadas (por lo general de Semana Santa a octubre):
Berger Karl, Himmelstrasse 19; **Maly Hans,** Sandgasse 8; **Murth Karl,** Cobenzlgasse 12; **Ing H Reinprecht,** Cobenzlgasse 22; **Schmidt Hans,** Cobenzlgasse 38. Los vieneses prefieren los distritos de **Heiligenstadt** y **Nussdorf,** zonas menos turísticas, frecuentadas en verano en tiempos de Beethoven. Los viñedos de Nussberg producen un excelente Rheinriesling. Entre las *Heurigen* abier-

Son famosas las Heurigen de Grinzing.

GASTRONOMÍA

tas todo el año figuran: **Diem's Buschenschenke,** Kahlenberger Strasse 1, y **Ing Mayer Franz,** Beethovenhaus, Pfarrplatz 3. De las que abren por temporadas se recomiendan: **Greiner,** Kahlenbergstrasse 17; **Muth Hans,** Probusgasse 10; **Schubel-Auer,** Kahlenberger Strasse 22, y **Stift Schotten,** Hackhofergasse 17.

Pocas *Heurigen* de esta zona tienen música y algunas sólo abren los fines de semana. En **Jedlersdorf,** la mayoría se encuentra en la calle mayor y es de clientela fija.

Casi todas abren en meses alternos y sirven gran variedad de apertivos. En Jedlerdorfer Strasse están: **Binder Peter,** n° 151; **Fuchs Kurt,** n° 158;

La tradicional señal de una Heuriger.

Kaleta Erwin, n° 161; **Lentner Richard,** n° 159, y **Weiser Wilhelm,** n° 166a. Como remate de un día de campo en los bosques de Viena, nada mejor que una *Heuriger* de la zona de **Mauer. Lainer Eduard** está en Dreistandegasse 5 y abre todo el año, mientras que en Maurer Lange Gasse, donde hay un par de agujas de pino clavadas en todas las puertas, se encuentran: **Edlmoser Karl,** n° 123; **Grausenburger Leopold,** n° 101a; **Hofer Helene,** n° 29; **Familia Lentz,** n° 78; **Lindauer Josef,** n° 83; **Familia Neuwirth Christian,** n° 18, y **Familia Stadlmann,** n° 30.

Muchos vieneses frecuentan la encantadora zona de **Neustift am Walde,** descubierta hace poco por los turistas más aventureros. En Rathstrasse hay gran número de tabernas, como: **Bachmann Franz,** n° 4; **Ferschel Erich,** n° 30; **Haunold-Pichler,** n° 26; **Huber Walter,** n° 15; **Rieger Heinz,** n° 22; **Wolff,** n° 46, y **Zeiler Hans,** n° 41.

La mayor zona vitivinícola de Viena es **Stammersdorf,** donde hay más de 100 productores que elaboran alrededor de la tercera parte del vino de la ciudad.

Un buen lugar para probar éste es Stammersdorfer Strasse, donde, entre los locales que tienen música los fines de semana y abren todo el año, figuran: **Ing Eisenheld Karl,** n° 81; **Feitzinger,** n° 115; **Gstalner Andreas,** n° 21; **Helm Robert,** n° 121; **Reichl Franz,** n° 41; **Sammer Leopoldine,** n° 87; **Schmidt Josef,** n° 105, y **Urban Wilhelm,** n° 123.

COMPRAS

Un café entre compra y compra.

Viena no es un lugar barato para ir de compras, pero sí elegante. La calidad de los artículos es superior; la presentación, excelente, y el servicio, muy bueno. Los extranjeros pueden reclamar el IVA en los productos de precio superior a 1.000 chelines austríacos, lo que significa entre un 15% y un 25% del marcado en la etiqueta. Los mejores comercios de Viena se encuentran en Kärntnerstrasse, Mariahilfer Strasse, Graben y Kohlmarkt; pero, para las oportunidades, nada mejor que el rastrillo que se celebra los sábados por la mañana en Naschmarkt. Los aficionados a las antigüedades encontrarán gran número de comercios del ramo en la capital. Los pequeños comercios de la Innere Stadt, en los alrededores de Josefplatz, están repletos de *objets d'art* y muebles de la época imperial, entre los que se encuentran piezas de estilo Biedermeier y modernistas. Se dice que hay más de 230 tiendas de antigüedades y galerías en el casco antiguo, por lo que no es de extrañar que Viena esté considerada como uno de los mayores centros mundiales del comercio de arte. Los coleccionistas de monedas y sellos encontrarán también buenas oportunidades.

En el terreno de las antigüedades, merece la pena visitar la sala de subastas de Dorotheergasee. El **Dorotheum** fue fundado por José I en 1707 a modo de casa de empeños

COMPRAS

para personas que se encontraban en apuros económicos. Mucho de lo que se llevaba allí eran objetos robados, que luego se revendían a sus antiguos propietarios. Hoy en día los objetos se exponen antes de la subasta. Las personas que no deseen pujar por sí mismas pueden contratar a un agente que las represente. No todos los objetos se subastan; muchos se venden como en un comercio normal, y, a veces, incluso hay ofertas especiales. La sede del Dorotheum se encuentra en Dorotheergasse 17, y tiene quince sucursales. El traje nacional austríaco –blusa blanca, delantal y falda larga ajustada a la cintura en las mujeres, y pantalones de cuero y sombrero en los hombres– es muy apreciado por los turistas, sobre todo a la hora de comprar regalos para los niños, y también se pueden adquirir tupidos tejidos de lana (normalmentes verdes) con los que confeccionar estupendas prendas de abrigo. En cuero y ante se encuentra ropa más clásica y, por supuesto, en esta nación de esquiadores, los artículos para deportes de invierno son de primerísima calidad. Igualmente tentador es el cristal austríaco, bien en forma de vasos de vinos o de figuritas de animales.

Los objetos de porcelana de Augarten, decorada a mano, también son un buen *souvenir*, especialmente los bellos caballos lipizzanos. Más fáciles de transportar y menos frágiles son los bellísimos objetos de tela típicos, como cojines y bolsos.

Antigüedades

En el centro se encuentran los siguientes comercios especializados en antigüedades: **Alt Wiener Kunst,** Bräunerstrasse 11; **Antiques Soleil,** Himmelpfortgasse 11; **Beletage,** Mahlerstrasse 15; **D & S Antiquitaten,** Plankengasse 6; **Hampe,** Weihburggasse 9; **Hausmann,** Seilerstäte 8; **Hofstatter,** Braunerstrasse 12; **Perny,** Seilerstätte 28; **Reisch,** Stallburggasse 4; **Siedler,** Himmelpfortgasse 13-15.

Se puede mencionar también la **Kovacek Glass Gallery,** Stallburggasse 2, especializada en piezas de colección, desde valiosas copas Biedermeier hasta pisapapeles de Baccarat.

Librerías

En Viena abundan las *Buchandlungen*, entre las que destacan: **Bookshop Heidrich,** Plankengasse 7 (tel. 512 37 01); **Rive Gauche,** Taborstrasse 11b, y **Frick,** Graben 27, en cuya primera planta hay literatura en varios idiomas. Para mapas, uno de los mejores sitios es **Freytag-Berndt und Artaria,** Kohlmarkt 9; y para prensa extranjera, **Shakespeare & Co,** Sterngasse 2, o **Morawa,** Wollzeile 11.

Ropa y tejidos

Una de las mejores tiendas de objetos de piel y cuero es **Valek,** Seilerstätte 16, que se adapta a todos los presupuestos y gustos. También hay pieles de calidad en **M Liska,** Kärntnerstrasse 8. Una boutique de diseños italianos es **Alexander,** Rauhensteingasse

10, mientras que los bolsos y otros complementos de marcas internacionales ponen en **Rada,** Kärntnerstrasse 8, una nota de exquisita elegancia. En **Alta Moda,** Mariahilfer Strasse 71, se venden objetos italianos de cuero; en **Nigst,** Neuer Markt 4, la especialidad son los bolsos, todos de gran originalidad, y en **Zak,** Kärntnerstrasse 36, se encuentran los mejores zapatos de Viena. También hay artículos de cuero en **Desiree,** Graben 7; **Kreps,** Wollzeile 31, y **Popp & Kreitschmer,** Kärntnerstrasse 51. Entre los especialistas en moda femenina figuran: **Cristina Rojik,** Bauernmarkt 2; **Femina 2000,** Stephansplatz 9; **Maldone,** Hoher Markt 8, y **Sonia Rykiel,** Goldschmiedgasse 5. Una buena tienda de trajes regionales es **Trachten Just,** Lugeck 7; y para encontrar buen *loden* se puede ir a **Eduard Kettner,** Seilergasse 12.

También se venden trajes regionales en **Berger,** Habsburgergasse 9; **Collins,** Opernpassage; **Erhart,** Rennweg 43; **Springer,** Habsburgergasse 9; **Wantky Trachten,** Burggasse 89 y otras sucursales, y **Witzky beim Stephansdom,** Stephansplatz 7.

Regalos

Hay artesanía austríaca, incluidas joyas esmaltadas y otros accesorios de Michaela Frey, en **Österreichische Werkstätten,** Kärntnerstrasse 6; el mejor cristal se encuentra en **Deckenbacher & Blummer,** Kärntnerstrasse 23; y se venden soldaditos de plomo, juguetes y recuerdos en **Josef**

Kober, Graben 14. En **Berco Sport,** Mariahilfer Strasse 1c, hay gran variedad de artículos deportivos. También son buenas tiendas de regalos **Ostermann,** Am Hof 5; **Metzger,** Stephansplatz 7, y **Schwarze Grete,** Kärntnerstrasse 12. Para vajillas de cristal realmente delicadas, nada mejor que **Lobmeyr,** Kärntnerstrasse 26, que fabrica cristalería selecta desde 1823.

La famosa **Fábrica de Porcelana de Augarten** se encuentra en Stock-im-Eisen-Platz 3-4.

Joyas

A E Kocher, Neuer Markt 15, antiguo proveedor de la Corte imperial, fabrica excelentes joyas; mientras que **Wagner,** Kärntnerstrasse 32, es una tienda antigua, especializada en relojes suizos y joyas de 18 quilates. Otras tiendas importantes son **Haban,** Kärntnerstrasse 2; **Chopard,** Kohlmarkt 16; **Dauber,** Graben 14; **Hammermuller,** Wipplingerstrasse 31, y **Hubner,** Graben 28.

Discos

Los aficionados a la música hallarán una amplia selección de tiendas de discos en el distrito nº 1 y pequeños comercios especializados en discos raros en el distrito nº 6. Se encuentran discos antiguos en **Altton-Schallplatten,** Gumpendorfer Strasse 84; **Teuchtler,** Windmühlgasse 10; y **Why Not,** Otto-Bauer-Gasse 16. Hay discos de todo tipo, nuevos y baratos, en **Gramola,** Kohlmarkt 5; de música moderna y popular en **Katzenmusik,** Hafnersteig 10; gran número de

COMPRAS/ALOJAMIENTOS

discos de rock, compact-disc, vídeos, etc. en **Meki,** Morzin-Platz/Ecke Salzgries, y un amplio catálogo de discos de todas clases en **Schallplatten-wiege,** Graben 29a.

Mercadillos

Viena cuenta con más de 20 mercadillos, siendo el más importante y curioso el de **Naschmarkt,** situado en Linke Wienzeile (abierto: lunes a viernes, de 6.00 h a 18.30 h; sábados, de 6.00 h a 13.00 h). Los sábados, en la parte sur de la zona del Naschmarkt, se celebra el **Flohmarkt,** una especie de rastro donde los aficionados a los objetos raros y antiguos se encontrarán a sus anchas (abierto: sábados,

de 8.00 h a 18.00 h). Para llegar hay que tomar la línea U4 hasta la estación de Ketten-brückengasse. Entre marzo y septiembre, los fines de semana se celebra un **mercado de arte y antigüedades** junto al Donaukanal, cerca de Schwedenplatz. Hay una gran variedad de pinturas, libros y otros objetos que se venden en él (abierto: sábados, de 14.00 h a 20.00 h; domingos, de 10.00 h a 20.00 h).

ALOJAMIENTOS

A la hora de elegir un hotel en Viena, un factor que se puede tener en cuenta, además del

El elegante y distinguido Kohlmarkt.

precio, es el estilo, sobre todo, en la gama de los establecimientos de lujo, que cuando no son antiguos palacios, son modernos hoteles palaciegos. Si se busca algo más modesto, basta con acudir a cualquiera de las numerosas pensiones que hay, todas ellas limpias, cómodas y muy adecuadas para largas estancias. En su mayoría son pequeñas, sólo sirven desayuno, y las regenta el propio dueño. La categoría de los alojamientos varía de una a cinco estrellas.

Hoteles de lujo
Situado justo en el centro de la ciudad, enfrente de la Ópera, el **Hotel Bristol,** Kärntner Ring 1 (tel. 51 51 60), de 152 habitaciones, fue construido en 1894 y goza de una merecida fama por su hospitalidad y discreción en el servicio, así como por contar con el célebre restaurante Korso. En la Ringstrasse, a sólo unos minutos de los monumentos clásicos de la ciudad, se encuentra el **Hotel de France,** Schottering 3 (tel. 34 35 40), de cinco estrellas y 190 habitaciones. El inmenso **Wien Hilton,** Am Stadtpark (tel. 71 70 00), está junto a un parque y ofrece nada menos que 620 habitaciones, un excelente restaurante à la carte e instalaciones al lado de la terminal áerea de la ciudad, por lo que es ideal para viajes de negocios. El **Hotel Imperial,** Kärntner Ring 16 (tel. 50 11 00), cuenta con 162 habitaciones –21 son suites–, situadas en un maravilloso palacio antiguo cercano a la Ópera. Construido en 1867 por el duque de Württemberg, fue convertido en hotel en 1873, y en él se alojan las personalidades extranjeras invitadas por el Estado. El restaurante de estilo imperio Zur Majestät es uno de los más lujosos de la ciudad. La moderna fachada de cristal del **Inter-Continental Viena,** Johannesgasse 28 (tel. 71 12 20), brinda maravillosas vistas del Stadtpark. El establecimiento, muy popular entre los vieneses, cuenta con un lujoso bar, una pastelería y un notable restaurante. Con 304 habitaciones, también de cristal y no menos frecuentado es el **Vienna Marriott,** Parkring 12a (tel. 51 51 80). Es notable por su amplio vestíbulo y cuenta con unas excelentes instalaciones, incluidos una piscina y un gimnasio. Uno de los palacios barrocos más antiguos de Viena, propiedad todavía de la familia Schwarzenberg, y parte del cual funciona ahora como hotel, alberga el **Im Palais Schwarzenberg,** Schwarzenbergplatz 9 (tel. 78 45 15). Es el único hotel Relais & Château de Viena y sus 40 habitaciones, decoradas con antigüedades, ofrece magníficas vistas del Belvedere. Situado en la zona oeste de la ciudad, junto al Schönbrunn, el **Ramada,** Linke Wienzeile/Ullmannstrasse 71 (tel. 85 040), cuenta con 309 habitaciones. El **SAS Palais Hotel,** Weihburggasse 32 (tel: 51 51 70), establecimiento perteneciente a las líneas aéreas escandinavas, se encuentra junto al Parkring. Dirigido a hombres de negocios, ofrece instalaciones modernas en un ambiente *belle époque*

maravillosamente restaurado. Por último el **Sacher,** Philharmonikerstrasse 2 (tel: 51 456), es el decano de los hoteles vieneses, con 126 habitaciones, decoración rococó, servicio intachable y una elegante clientela. En los establecimientos de cinco estrellas, la habitación individual cuesta entre 2.000 y 4.000 chelines, y la doble, de 1.000 a 2.000 chelines por persona.

Hoteles de cuatro estrellas

Hay numerosos establecimientos de esta categoría. Entre los que son de razonable tamaño y céntricos figuran: **Astoria,** Führichgasse 1 (tel. 51 57 70), cerca de la Ópera, con 108 habitaciones y un restaurante muy frecuentado; **Biedermeier,** Landstrasse Hauptstrasse 28 (tel. 75 55 75), atractivo conjunto de casas restauradas, con tiendas y restaurantes; **Europa,** Neuer Markt 3 (tel. 51 59 40), con 102 habitaciones; **Pullman Hotel Belvedere,** Am Heumarkt 35-37 (tel. 75 25 35), con 211 habitaciones y buena reputación; **Rathauspark,** Rathausstrasse 17 (tel. 423 66 10), con 117 habitaciones, y **Penta,** Ungargasse 60 (tel. 71 17 50), con 342 habitaciones. Más pequeños y céntricos son: **Am Parkring,** Parkring 12 (tel. 51 48 00), con 64 habitaciones; **Am Schubertring,** Schubertring 11 (tel. 71 70 20), con 39 habitaciones; **Am Stephansplatz,** Stephansplatz 9 (tel. 53 40 50), con 62 habitaciones; **Capricorno,** Schwedenplatz 3 (tel. 533 31 040), 46 habitaciones; **K+K Palais Hotel,** Rudolfsplatz 11 (tel. 533 13 53), con 66 habitaciones;

Opernring, Opernring 11 (tel. 587 55 18), con 35 habitaciones, y **Royal,** Singerstrasse 3 (tel. 515 68), con 81 habitaciones. En esta categoría, la habitación sencilla viene a costar entre 900 y 1.900 chelines, y la doble, entre 600 y 1.200 chelines por persona.

Hoteles de tres estrellas

La oferta de hoteles de tres estrellas cercanos al centro es también muy buena. Entre los mejor situados figuran: **Austria,** Wolfengasse 3 (tel. 51 523), popular, con 51 habitaciones; **Kärntnerhof,** Grashofgasse 4 (tel. 512 19 23), con 44 habitaciones; **Post,** Fleischmarkt 24 (tel. 51 58 30), con 107 habitaciones; **Roter Hahn,** Landstrasse Hauptstrasse 40 (tel. 713 25 680), con 50 habitaciones; **Schweizerhof,** Bauernmarkt 22 (tel. 533 19 31), con 55 habitaciones; **Tigra,** Tiefer Graben 14 (tel. 63 96 41), con 45, y **Wandl,** Petersplatz 9 (tel. 53 45 50), con 138 habitaciones. En esta categoría, la habitación individual cuesta entre 500 y 1.000 chelines, y la doble, entre 400 y 700 chelines por persona.

Hoteles de una y dos estrellas

Entre los establecimientos baratos y bien situados figuran: **Gabriel,** Landstrasse Hauptstrasse 165 (tel. 72 67 54), con 29 habitaciones; **Monopol,** Prinz-Eugen-Strasse 68 (tel. 505 85 26), y **Rathaus,** Lange Gasse 13 (tel. 43 43 02).

En estos hoteles, el precio de la habitación individual es de 200 o 600 chelines, y el de la doble, de 180 o 500 chelines por persona.

Pensiones

Las mejores pensiones de cuatro estrellas, desde el punto de vista de su situación, son: **Arenberg,** Stubenring 2 (tel. 512 52 91), con 23 habitaciones; **Barich,** Barichgasse 3 (tel. 712 12 73), con 16 habitaciones; **Marc Aurel,** Marc-Aurel-Strasse 8 (tel. 533 36 40), con 18 habitaciones; **Neuer Markt,** Seilergasse 9 (tel. 512 23 16), con 37 habitaciones, y **Pertschy,** Habsburgergasse 5 (tel. 533 70 94), con 43 habitaciones. En la categoría de tres estrellas figuran las siguientes opciones: **Am Operneck,** Kärntnerstrasse 47 (tel. 512 93 10), con solo 6 habitaciones; **Bosch,** Keilgasse 13 (tel. 78 61 790), con 10 habitaciones; **Christina,** Hafnersteig 7 (tel. 533 29 61), con 33 habitaciones; **Domizil,** Schulerstrasse 14 (tel. 513 30 93), con 21 habitaciones; **Elite,** Wipplingerstrasse 32 (tel. 533 25 18), con 27 habitaciones; **Geissier,** Postgasse 14 (tel. 533 28 03), con 23 habitaciones; **Kirschbichler,** Landstrasse Hauptstrasse 33 (tel. 712 10 68), con 15 habitaciones; la pequeña **Lerner,** Wipplingerstrasse 23 (tel. 533 52 19), con 7 habitaciones; **Nossek,** Graben 17 (tel. 533 70 41), con 26 habitaciones; **Residenz,** Ebendorferstrasse 10 (tel. 43 47 860), con 13 habitaciones; **Schweizer Pension Solderer,** Heinrichsgasse 2 (tel. 63 81 56), con 11 habitaciones; **Stadtpark,** Landstrasse Hauptstrasse 7/Untere Viaduktgasse (tel. 713 31 23), con 21 habitaciones, y **Suzanne,** Walfischgasse 4 (tel. 513 25 07), con 19 habitaciones. En estas pensiones, el precio varía entre 260 y 800 chelines la habitación individual, y entre 300 y 600 chelines por persona la doble.

En una ciudad famosa por sus hoteles de lujo, el Sacher, con su esmerado servicio, es el decano.

OCIO Y ESPECTÁCULOS

Sala de conciertos.

Viena, como señala con orgullo la Oficina de Turismo Austríaca, es "la capital internacional de la música". Las bandas que tocan en los cafés, la variada música popular que animan las *Heurigen*, los melodiosos valses de Strauss de los salones de baile, y las obras maestras de música clásica que se interpretan en la Ópera y en una docena de salas de conciertos más, todo esto convierte la tradición musical de la ciudad en la base de su industria del ocio. Aunque la música clásica es la que goza de mayor prestigio, la capital cuenta también con numerosas discotecas y locales nocturnos. Gran parte de ellos se encuentra en los alrededores de Kärntnerstrasse, donde hay también un **casino,** con ruleta americana y francesa, bacará, *blackjack* y punto banco. (abierto: todos los días, desde las 15.00 h). De todos modos, Viena no se caracteriza precisamente por su ambiente nocturno: pocos locales permanecen abiertos después de las 2.00 h.

La gente joven encontrará los mejores establecimientos nocturnos en los distritos 4°, 5° y 6°, en las bocacalles de Linke Wienzeile; en los distritos 7° y 8°, a lo largo de Spittelgasse y Florianigasse; en el centro, alrededor del barrio de la Universidad Vieja (Schönlaterngasse/Bäckerstrasse), y en la zona peatonal de Seitensttengasse/Rabensteig, apodada el Triángulo de las Bermudas por los locales donde "desaparece" el visitante por la noche.

Cabarets

A diferencia de París o Amsterdam, Viena no se caracteriza precisamente por las lentejuelas y las *showgirls*.

Hay espectáculos y música en **Casanova Revue Bar/Theater,** Dorotheergasse 6-8 (tel. 51298); **Moulin Rouge,** Walfischgasse 11 (tel. 51 21 30), y **Renz,** Zirkusgasse 50 (tel. 214 31 35). También hay cabaret en **KUKU,** Linke Wienzeile 94 (tel. 58 83 47); **Roter Angel,** Rabensteig 5 (tel. 535 41 05), y **Tunnel,** Florianigasse 39 (tel. 42 34 65).

Se pueden ver números de cabaret vienés tradicional en **Freie Buhne Wieden,** Wiedner Hauptstrasse 60b (tel. 585 21 22), y **Kabarett Simpl,** Wollzeile 36 (tel. 512 47 42).

Cine

Hay varios cines donde se proyectan las películas más recientes en versión original; entre ellos figuran: **De France,** Schottenring 5 (tel. 34 52 36); **Burg Kino,** Opernring 19 (tel. 587 84 06); **Top Kino Center,** Rahlgasse 1 (tel. 587 55 57), y **Studio Molièr,** Liechtensteinstrasse 37 (tel. 31 65 03). Otros cines donde se proyectan películas poco convencionales o de vanguardia y clásicos son el **Star Kino,** Burggasse 71 (tel. 93 46 83), y el **Votiv Kino,** Währingerstrasse 12 (tel. 34 35 71).

Conciertos/Música clásica

Las salas de concierto son legión, pero entre ellas destacan la opulenta **Musikverein,** Karlsplatz 6 (tel. 65 81 90), y la **Konzerthaus,** Lothringerstrasse 20 (tel. 712 12 11); en ambas actúan la Filarmónica de Viena y otras orquestas sinfónicas. En Viena se puede escuchar música en cualquier época del año, pero la temporada se inicia en septiembre y termina en junio con el Festival de Viena.

En verano se celebran conciertos en numerosos lugares, incluidos Rathaus, Schönbrunn y Belvedere. Asimismo tienen lugar festivales anuales dedicados a compositores concretos, como Haydn, en el mes de marzo, y Schubert, en el mes de noviembre.

Discotecas

En Viena hay unas 35 discotecas abiertas hasta alrededor de las 4.00 h, con excepción de **Can-Can,** Währinger Gürtel 96 (tel. 42 92 79), que cierra a las 2.00 h. **Club Take Five,** Annagasse 3 (tel. 512 32 76), es una de las más frecuentadas; aunque los estudiantes prefieren **Move,** Donaugasse 1 (tel. 43 32

78), que tiene música de los años setenta en adelante.

Pl, Rotgasse 3 (tel. 535 99 95), destaca por su iluminación *high tech* y su máquina de niebla, mientras que en **U4,** Schönbrunner Strasse 222 (tel. 85 83 13), discoteca moderna, hay vídeos musicales y actuaciones en directo de grupos austríacos y extranjeros. También son populares entre la juventud **Volksgarten,** Burgring/Heldenplatz (tel. 63 05 18), y **Wake up,** Seilerstätte 5 (tel. 512 21 12), donde no pagan las 30 primeras señoritas que llegan.

Locales especiales

Se puede pasar una velada más tranquila que en una discoteca en **Dusenberg,** Stubenring 4 (tel. 513 84 93), que es uno de los puntos de reunión de "gente guapa" más de moda (abierto hasta las 2.00 h). Los artistas y bohemios fre-

cuentan **Alt Wien,** Bäckerstrasse 9 (tel. 512 52 22), que abre también hasta las 2.00 h, y los aficionados a la cerveza, **Krah Krah,** Rabensteig 8 (tel. 63 81 93), que les ofrece una carta de bebidas de 25 marcas, mientras que **Freihaus,** Schleifmühlgasse 7 (tel. 587 16 65), es ideal para degustar vinos. El local de la *new wave* es **Friesz und Stirb,** Stiftgasse 8 (tel. 96 16 60), y un lugar de reunión muy popular, no muy lejos de la Universidad es el **Café Stein,** Währingerstrasse 6 (tel. 31 72 41). El **Café Salzgries,** Marc-Aurel-Strasse 6 (tel. 533 54 26), resulta muy apropiado "para dejarse ver"; en **Lukas,** Schönlaterngasse 2 (tel. 520 04 14), hay música y un bar bien surtido, y en **Rincón Andino,** Münzwardeingasse 2 (tel. 587 61 25), se pue-

Casi se oye el vals.

Anuncios de una escasa vida nocturna.

de escuchar música iberoamericana en directo. Suele haber una clientela muy pintoresca en el bar **Titanic,** Theobaldgasse 11 (tel. 587 47 58), que tiene también cabaret y música abajo, y es interesante **Tunnel,** Florianigasse 39 (tel. 42 34 65), que ofrece música, exposiciones de arte y conferencias en sus distintas salas. Uno de los primeros lugares de moda fue **Wunderbar,** Schönlaterngasse 8 (tel. 512 79 89), por su excelente café y su ambiente agradable. Para divertirse de madrugada, hay varios locales que abren hasta la 4.00 h, en especial **Die Bar,** Sonnenfelsgasse 9 (tel. 513 14 99), el modernísimo **Europa,** Zollergasse 8 (tel. 96 33 83), y el pequeño y elegante **Le Belon,** Schönlaterngasse 8 (tel. 512 62 75), que no cierra hasta las 6.00 h. También merece la pena destacar **Roter Engel,** Rabensteig 5 (tel. 535 41 05) y **Salzamt,** Ruprechsplatz (tel. 533 53 32), uno de los locales preferidos por los noctámbulos. Para poco antes del desa-

yuno, están **Beatrixstüberl,** Ungargasse 8 (tel. 72 58 76), que vuelve a abrir de 4.00 a 8.00 h tras cerrar durante dos horas; **Café Kammerspiele,** Rotenturmstrasse 25 (tel. 533 32 10), que sirve comidas calientes durante todo el día, y **Café Drechsler,** Linke Wienzeile 22 (tel. 587 85 80), que empieza a servir desayunos a las 4.00 h.

Jazz, Blues y Country

Se puede escuchar *jazz* y *blues* en **Jazzland,** Franz-Josefs-Kai 29 (tel. 533 25 75) y en **Jazzspelunke,** Dürergasse 3 (tel. 583 01 26), en ambos hasta las 2.00 h. También se recomienda **Jazz-Leit,** Habichergasse 15 (tel. 95 07 21), hasta las 4.00 h; **Miles Smiles,** Lange Gasse 51 (tel. 42 84 814), hasta las 2.00 h o las 4.00 h; **Opus One,** Mahlerstrasse 11 (tel. 513 20 75), hasta las 4.00 h, y **Café Wortner,** Wiedner Hauptstrasse 55 (tel. 505 32 91), hasta medianoche. Para escuchar música *country*, se puede ir a: **Café Verde,** Garde-

OCIO Y ESPECTÁCULOS

gasse 3 (tel. 93 91 71), hasta las 4.00 h; **Nashville,** Siebenbrunnengasse 5a (tel. 55 73 89), hasta las 2.00 h, y **Papa's Tapas,** Schwarzenbergplatz 10 (tel. 65 03 11).

Música latina
Aunque la música sudamericana no es tan popular en esta ciudad, se puede mover el cuerpo a ritmo de cha-cha-cha hasta las 2 de la madrugada en: **Arauco,** Krummgasse 1a (tel. 73 48 532); **America Latina,** Mollardgasse 17 (tel. 597 32 69); **Macondo,** Hamburger Strasse 11 (tel. 56 77 42), y **Rincón Andino,** Münzwardeingasse 2 (tel. 587 61 25).

Ópera y ballet
Las principales representaciones tienen lugar con gran ceremonia en la **Staatsoper** (Teatro de la Ópera), Opernring 1 (tel 514 44/2960), pero también se puede escuchar ópera de primera calidad en la **Volksoper,** Währingerstrasse 78 (tel 514 44/3318), mientras que en el **Theater an der Wien,** Linke Wienzeile 6 (tel. 588 30 237), se ofrece opereta y ballet. Información sobre la progamación de ópera: en la Oficina de Turismo o escribiendo directamente a Bundestheaterverband, Goethegasse 1, A-1010 Wien.

Teatro
El principal teatro es el **Burgtheater,** Dr Karl-Lueger-Ring (tel. 514 44 2959), mientras que en el **Akademietheater,** Listzstrasse 1 (tel. 514 44 2959), y en el **Volkstheater,** Neustiftgasse 1 (tel. 93 27 76), se representan

sobre todo obras modernas. Se pueden ver musicales en el **Raimundtheater,** Wallgasse 18-20 (tel. 59 97 70), y en **Theater an der Wien,** Linke Wienzeile 6 (tel. 588 30 237), donde hay también *ballet.* Otros teatros destacados de la ciudad son: **Theater am Schwedenplatz,** Franz-Josefs-Kai 21 (tel. 535 79 14), para obras dramáticas; **Ateliertheater,** Linke Wienzeile 4 (tel. 587 82 14), para obras contemporáneas; **Theater Brett,** Munzwardeingasse 2 (tel. 587 06 63), especializado en mimo; **Theater am Auersperg,** Auerspergstrasse 17 (tel. 43 07 07), para obras populares, y el **Theater in der Josefstädt,** Josefstädter Strasse 26 (tel. 402 51 27), dedicado a la comedia ligera y los clásicos vieneses. Hay dos teatros de lengua inglesa: el **English Language Theatre,** Josefsgasse 12 (tel. 402 12 60), donde suelen aparecer estrellas de cine y teatro famosas, y el **International Theatre,** Porzellangasse/Ecke Müllnergasse (tel. 31 62 72), que escenifica obras de dramaturgos de lengua inglesa. Entre mayo y septiembre hay representaciones al aire libre, entre las que destacan las animadas revistas de la terraza de la antigua posada vienesa **Hernalser Stadttheater,** Geblergasse 50 (tel. 43 35 43); el teatro popular del siglo XIX del **Original Wiener Stegreibuhne,** Maroltingergasse 43 (tel. 92 46 05), y las obras austríacas y contemporáneas puestas en escena en el **Jura Soyfer-Theater im Orpheum Donaustadt,** Steigenteschgasse 94b (tel. 93 24 58).

CLIMA. CUÁNDO IR

El clima contiental de Viena es muy variado, siendo las temperaturas medias en verano de 20-25 °C, aunque julio y agosto pueden llegar a ser muy calurosos (los termómetros pueden superar los 30 °C). En invierno, el clima es más bien frío (0 °C) y húmedo, con probabilidad de intensas nevadas entre diciembre y febrero. Los meses más suaves y de pocas lluvias son mayo, junio y septiembre, mientras que en abril y octubre hay que estar preparado para cualquier sorpresa.

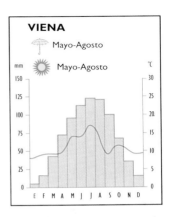

Hay que tener en cuenta las variaciones climáticas de la ciudad a la hora de preparar el equipaje: por si acaso, conviene llevar una buena prenda de abrigo, incluso en verano; y en invierno hacen falta botas, guantes y demás ropas para poder pasear sin pasar frío.

Aunque en la mayoría de los casos resulta apropiada la ropa informal, los vieneses se acicalan mucho para ir al teatro y a la ópera, así que conviene obrar en consecuencia.

COSTUMBRES LOCALES

Los vieneses aman sus tradiciones y se sienten orgullosos de ellas. Les gustan los *Fiaker* –aunque jamás se les ocurriría montar en ellos–, tirarse bolas de nieve en los jardines de antiguos palacios imperiales y jactarse ante el visitante de su brillante pasado.

Saludar haciendo una inclinación y besar la mano son algunos de los arcaicos gestos de cortesía que todavía utilizan. El saludo es muy importante: los buenos días, buenas tardes, etc., resultan imprescindibles, tanto entre los extranjeros como entre los amigos.

También es importante darse la mano.

El traje nacional es aquí tan corriente que a menudo se ve paseando por Kärntnerstrasse gente vestida con capas de *loden* y sombreros de caza adornados con plumas.

Los amantes de la ópera, los aficionados a los conciertos, los intérpretes de música clásica y los musicólogos tienen las puertas abiertas en la sociedad vienesa. Durante el descanso en la Staatsoper o en la Musikverein, sentado en un café o tomando una copa en cualquier *Heuriger*, se puede hacer amigos fácilmente.

En cuanto a su mentalidad, los vieneses son pragmáticos y de actitudes un tanto conservadoras. De todas formas, actualmente hay en Viena bastante gente joven y de mentalidad abierta con la que poder entrar en contacto y así conocer un poco más de cerca cómo viven y piensan.

No es conveniente conducir por el centro; es mejor utilizar el transporte público como hacen los vieneses. Los radiotaxis son relativamente baratos y rápidos.

No se olvide que en los restaurantes se sirve la cena entre las 18.00 h y las 21.00 h. Es raro encontrar comida caliente después de las 22.00 h y generalmente los restaurantes están ya cerrados a las 23.00 h, justo cuando los noctámbulos se dirigen a los locales nocturnos de moda.

NIÑOS

Aunque en Viena la mayoría de las atracciones tiene lugar en locales cerrados, hay varios espacios abiertos en donde los niños pueden jugar a su antojo.

Además existen numerosos espectáculos infantiles y museos.

Una buena forma de convencerlos para visitar un monumento o un museo es ofrecerles como recompensa una visita a cualquiera de las pastelerías o heladerías de los alrededores de Schwedenplatz.

Guarderías

La guía de hoteles de Austria publicada por la Oficina de Turismo Austríaco ofrece una lista de servicios de guardería. Es aconsejable también preguntar directamente en el hotel si dispone de estos servicios.

Museos

En Austria hay museos para todos los gustos y edades. También es una buena opción el **Planetario** del Prater, en Hauptallee, junto a la gran noria, donde hay exhibiciones los fines de semana a las 15.00 h y 17.00 h, y una dirigida particularmente a los niños los domingos a las 9.30 h. También son ideales para el público infantil el **Museo de Muñecas y Juguetes,** Schulhof 4 (abierto: todos los días, excepto lunes, de 10.00 h a 18.00 h) y el **Museo del Circo y los Payasos,** Karmelitergasse 9, donde se expone una gran colección de trajes, máscaras y maquetas (abierto: miércoles, de 17.30 h a 19.00 h; sábados, de 14.30 h a 17.00 h; domingos, de 10.00 h a 12.00 h).

Parques y Zoológicos

Especialmente interesante es el parque de atracciones del Prater, que permanece abierto todo el año y al que se llega en metro (línea 1). Además de la internacionalmente famosa Riesenrad (noria gigante), construida en 1897, hay coches de choque, máquinas recreativas, tiovivos y casetas de tiro, así como festivales y espectáculos diversos. Es ideal para pasar un día toda la familia, y a los niños mayores les gustarán también el ambiente y la iluminación nocturna. Junto al parque está el **Wiener Prater,** un enorme terreno cubierto de prados, bosques y lagunas, por el que cruzan diversos senderos muy agradables para pasear a pie o en bicicleta. Se llega allí en el tranvía N, que pasa por la principal avenida del Prater. Cerca del antiguo pabellón de caza imperial, la Hermes Villa, se encuentra **Gainzer Tiergarten,** enorme reserva natural, con osos, varias especies de ciervos, caballos salvajes, musmones y uros (abierto: desde el Domingo de Ramos hasta primeros de noviembre, de miércoles a domingos, desde las 8.00 h

hasta el atardecer; y en invierno, de 9.00 a 6.00 h). La entrada está cerca de Lainzer Tor. Los más pequeños no apreciarán las maravillas de Schönbrunn, pero merece la pena pasar a verlas. Después de la visita se les puede llevar al zoológico (abierto: en verano, de 9.00 h a

Los parques, como este del Ayuntamiento, son muy populares.

Un fiacre, el taxi para visitar Viena.

18.00; en invierno, hasta las 16.30 h).

Teatros y espectáculos
La gente menuda quizá no sepa apreciar en su justa medida los conciertos de los **Niños Cantores de Viena,** pero no cabe duda de que les gustará el espectáculo de la **Escuela Española de Equitación,** donde hacen cabriolas los famosos caballos blancos lipizzanos, montados por jinetes de uniforme. La principal exhibición tiene lugar los domingos, aunque es difícil encontrar entradas, pero se puede ir también los sábados o a los ensayos, a pesar de que los jinetes no visten entonces de gala.
No hace falta entender alemán para disfrutar del mimo. El **Serapionstheater,** Taborstrasse (tel. 24 55 62), se ha for-jado fama internacional por su teatro de pantomima y sus decorados fantasmagóricos. También se puede ir al **Theater der Jugend,** Neubaugasse (tel. 93 25 46), especialmente dedicado a los niños, incluidos los adolescentes. En sus tres escenarios se representan espectáculos bufonescos y de rock.

Deportes acuáticos
En el Alte Donau (Viejo Danubio) hay 8 km de playas, con 5 km de zonas de baño, y alquiler de barcas. En la isla del Danubio hay vela, surf, esquí y parque de atracciones acuático. Cuando aprieta el hambre se puede acudir a los numerosos bares situados en el antiguo brazo principal del Danubio.

PRESUPUESTOS AJUSTADOS

Alojamientos
Camping. Hay varios campings en las afueras de Viena.
Alojamiento en familia. Alojamiento por un precio módico con una familia. Se pueden arreglar estancias mensuales por medio de Mitwohnzentrale, 9 Kolingasse 6 (tel. 31 86 66).
Pensiones y hoteles pequeños. La lista de alojamientos de la Oficina de Turismo cubre todas las categorías, desde los hoteles de lujo hasta las modestas pensiones de una estrella.
Albergues juveniles. Están abiertos todo el año. Los dos más grandes de Viena son: Hütteldorf-Hacking, Schlossberggasse 8 (tel. 82 15 01), y Kolpinghaus Meidling, Bendlgasse

10-12 (tel. 83 54 87). Para más detalles, ponerse en contacto con la Asociación Austríaca de Albergues Juveniles, Gonzagagasse 22, A-1010 Viena.

Gastronomía

Beisls. Tabernas tradicionales donde se sirven platos típicos austríacos a buen precio.

Salchichas de Frankfurt. Delicioso y sencillo bocado típico de Viena. Se venden en puestos callejeros, bares y carnicerías.

Autoservicios. No hay que olvidar las numerosas cafeterías, cafés y *Heurigen* en que se sirven buenos platos a precios razonables.

También se puede comer en abundancia y por poco dinero en los nuevos establecimientos vegetarianos y de alimentos naturales.

Ocio

Vida nocturna. Conviene limitarse a los locales tradicionales situados en el "Triángulo de las Bermudas" de la Innere Stadt y de las calles de Wienzeile.

Compras. Para presupuestos ajustados es ideal el mercadillo que se celebra los sábados en el extremo sur del Naschmarkt. Los coleccionistas de discos puede echar un vistazo a las tiendas de segunda mano de los distritos 1° y 6°.

Entradas. En casi todos los teatros hay un descuento para estudiantes de alrededor del 20 %, incluidos el Burgtheater y el Akademietheater.

Se pueden conseguir a veces entradas con descuento para actos culturales en la sección de cultura del Österreichische Hochschulerschaft, Universitätsstrasse 7 (tel. 42 76 11).

Transporte

Bicicleta. Una buena forma de visitar los monumentos en verano es hacer una excursión en bicicleta con un guía de Vienna Bike (tel. 31 12 58). Para más detalles: Oficina de Turismo.

Autobuses nocturnos. Otra alternativa de transporte por la noche es la de tomar un autobús nocturno. Todos ellos salen de Schwedenplatz y cubren varias rutas por toda la ciudad.

Rides-Riders Wanted Centre, Franzensgasse (tel. 56 41 74). Para que resulten más baratos los viajes fuera de la ciudad, se puede acudir a esta agencia que busca compañeros de viaje a propietarios de coche para compartir gastos.

24-Stunden-Netzkarte. Estas tarjetas de transporte tienen una validez de veinticuatro horas y se pueden utilizar en cualquiera de los medios de transporte de la ciudad.

Guías de Viena. En los recorridos menos turísticos por la ciudad con guías oficiales se hace un descuento del 50 % a los estudiantes. Se ofrecen folletos con detalles de los recorridos, precios y lugares de encuentro en las oficinas de turismo, el Ayuntamiento, los museos y los hoteles.

FIESTAS Y CELEBRACIONES

Enero y Febrero

La temporada de Carnaval, que dura desde Nochevieja hasta el martes de Carnaval,

FIESTAS Y CELEBRACIONES/DEPORTES

genera infinidad de bailes que comienzan con el baile imperial de Nochevieja de Hofburg y termina con el de la Ópera, al que asiste el presidente austríaco.

Marzo

El Festival de Haydn inicia la temporada de música, mientras que los amantes del cine pueden disfrutar del Festival de Cine de Viena. La Escuela Española de Equitación comienza su temporada de primavera, y a finales de marzo o principios de abril se celebra el Maratón de Viena.

Abril

Se nota que ha llegado la primavera por la exposición de atractivas flores del Burggarten, y en el Prater se celebra un festival de primavera.

Mayo

Desde mediados de mes el Festival de Viena exhibe un repertorio internacional de músicos, grupos de teatro, coros y artistas, clásicos y modernos, que actúan día y noche durante cinco semanas. Gran número de espectáculos secundarios y diversiones se simultanea con esta explosión de cultura.

junio

El Festival de Viena está todavía en su apogeo, y en el Prater se celebra un Festival de las Flores lleno de color. En Junio tiene lugar también la primera de las tres principales subastas de arte del Dorotheum (las otras son en noviembre y diciembre).

Julio y Agosto

En los meses de verano alcanza su auge la temporada oficial de música. Los numerosos conciertos y actuaciones se complementan con una amplia gama de conferencias y cursillos.

Septiembre

La Escuela Española de Equitación y los Niños Cantores de Viena vuelven a entrar en escena después del descanso del verano. En este mes comienza también la temporada de Ópera y hay mucha actividad en la Feria del Comercio de Otoño.

Octubre

El teatro es lo más destacado de este mes y las entradas se venden en gran número.

Noviembre

Numerosos visitantes llegan a la ciudad para celebrar el festival de Schubert. Hay una feria de antigüedades y el Dorotheum celebra la subasta de noviembre.

Diciembre

Si no se ha adquirido ningún regalo de Navidad en el Dorotheum antes, todavía queda una oportunidad de hacerlo en este mes. Viena es famosa también por sus maravillosos "mercadillos de Adviento", que se celebran en Rathausplatz, Spittelberg y Freyung.

DEPORTES

Aerobics. Fit & Fun, Landstrasser Hauptstrasse 2a, o John Harris, Nibelungengasse 7.

Ciclismo. Hay más de 250 km de vías señalizadas para bicicletas en Viena.

En varias pensiones los ciclistas son bien recibidos, ofreciéndoseles aparcamiento seguro e información. Excepto en la línea 6, se pueden llevar bicicletas en el metro a ciertas horas del día. Hay un vagón especial y transportarlas cuesta medio billete. Se puede utilizar también el Schnellbahn (el tranporte de bicicletas es gratuito los domingos y días festivos).

Las principales vías para bicicletas conducen hasta el Hauptallee, en el Prater, a la isla del Danubio, por el Reichsbrücke, a Lobau y a Laaer Berg. Situada a orillas del Danubio, Viena es parada obligada en la ruta para bicicletas que bordea el Danubio desde Passau hasta Hainburg, al sudeste de la ciudad.

Hay numerosos puestos de alquiler de bicicletas.

Embarcaciones. En el Viejo Danubio se puede alquilar todo tipo de embarcaciones, desde barcas de vela hasta tablas de *surf*. Se ofrece información sobre la navegación a vela en el Austrian Yacht Club, en Prinz-Eugen-Strasse 12.

Boleras. Hay una inmensa bolera en el Prater, en Hauptallee 124, y otra en Schumanngasse 107.

Golf. Puede practicarse este deporte en Golfplatz, Freudenaustrasse 65a, o en Golf Wien, Anton-Freunschlag-Gasse 34-52, en el distrito 23º.

Hípica. Se celebran carreras de caballos en Rennbahnstrasse 65 (Freudenau) y de caballos trotones, durante todo el año, en Prater-Krieau (Krieau).

Equitación. Se puede practicar en la zona del Freudenau del Prater. Hay también una escuela en Barmherzigengasse 17.

Patinaje sobre hielo. Cualquier época del año es buena para patinar en el Wiener Stadthalle, Vogelweidplatz 14.

Squash. Hay un club en Heiligenstädter Strasse 82-92.

Natación. Se puede practicar gratuitamente la natación en el Viejo Danubio y en la isla del Danubio.

Hay piscinas cubiertas en Rogners Margaretenbad, Strohbachgasse 7-9; Amalienbad, Reumannplatz 9, y Jörgerbad, Jörgerstrasse 42.

En el distrito 10º hay una piscina en Kongressbad, Julius-Meinl-Gassen 7. Asimismo se puede nadar al aire libre o en piscina cubierta en las aguas termales de Thermalbad Oberlaa, Kurbadstrasse 14.

Tenis. Hay pistas de tenis públicas en el Prater, en Rustenschacher Allee, y también en Donau Park, en Kratochwjlestrasse y Eiswerkstrasse.

Retratista callejero.

INFORMACIONES PRÁCTICAS

CONTENIDO

Aduanas	Lavabos	Seguridad
Agencias de viajes	Llegada	ciudadana
Automóviles	Minusválidos	Teléfonos
Camping	Moneda	Tercera edad
Culto, lugares de	Objetos perdidos	Transporte público
Electricidad	Ocio y espectáculos,	Turismo,
Embajadas	información de	oficinas de
y consulados	Policía	Urgencia,
Farmacias	Prensa, radio y	teléfonos de
Fiestas	televisión	Viajes
Hora oficial	Propinas	para jóvenes y
Horarios	Sanidad	estudiantes

Aduanas

Los visitantes mayores de 17 años pueden introducir en el país los siguientes productos libres de impuestos: 200 cigarrillos, 50 cigarros puros o 250 gr de tabaco, y un litro de licor o vino. No hay que pagar nada en el caso de joyas y artículos deportivos para uso personal ni tampoco en el de regalos de hasta un valor de 400 chelines austríacos. No hay limitación en cuanto a la cantidad de moneda extranjera o austríaca. Se puede sacar del país una cantidad ilimitada de divisas y hasta 15.000 chelines austríacos.

Agencias de viajes

En estancias cortas, la mejor forma de ver la ciudad es en excursiones organizadas. **Gray Line-Cityrama,** Börsegasse 1/tiefer Graben 25 (tel. 513 41 30) ofrece una amplísima gama de excursiones de un día o medio día por Viena o sus alrededores. Entre los destinos más típicos figuran la Escuela Española de Equitación, los Bosques

de Viena de Strauss y Mayerling. Para visitas más detenidas, se puede organizar un itinerario con un guía del **Servicio de Guías de Viena,** Sommerhaidenweg 124 (tel. 44 30 940) o de **Travel Point,** Boltzmanngasse 19 (tel. 31 42 43). También resulta interesante un crucero por el río. Para más detalles al respecto, acúdase a la oficina de turismo o a la oficina de Información del **DDSG,** en en el muelle Wien-Reichsbrücke (abierto: todos los días, de abril a octubre, de 7.30 h a 20.00 h).

Automóviles

Viena tiene un sistema de calles de dirección única bastante complicado y es igualmente difícil encontrar aparcamiento. Dentro de la ciudad, el límite de velocidad es de 50 km/h. Hay que tener especial cuidado a partir de las 16.00 h, momento en que se inician las horas punta.

Hay gasolineras por toda la ciudad y algunas de ellas son autoservicios. La mayoría cie-

Los tranvías no contaminan.

rra por la noche, pero permanecen abiertas las de las autopistas de entrada a Viena.

En invierno está prohibido aparcar en las calles por donde pasan tranvías, de 20.00 h a 5.00 h (las excepciones se indican con la señal "parking"). En los lugares donde está prohibido aparcar se puede parar hasta diez minutos, y en las zonas de aparcamiento limitado (Kurzparkzone) se puede aparcar de 8.00 h a 18.00 h los días laborables y de 8.00 h a 12.00 h los sábados, pero habiendo adquirido antes una tarjeta (de hora y media de validez como máximo) que se vende en los estancos, en algunos bancos y en muchas gasolineras. Hay empleados municipales vestidos de paisano que están autorizados a poner multas.

Los cinturones de seguridad son obligatorios.

Automóviles, alquiler de

Sólo es necesario el carnet de conducir. Son de interés las siguientes direcciones:

Avis: Opernring 1 (tel. 58 76 24) o Schwechat Airport (tel. 711 10-2700).

Budget: Wien Hilton (tel. 75 65 650).

Denzel Wolgang AG

(Europcar): Parkring 12 (tel. 51 55 30) o Schwechat Airport (tel. 711 10-0).

Hertz: Ungargasse 37 (tel. 713 15 96/0) o Schwechat Airport (tel. 77 70 26 61).

Automóviles con conductor, alquiler de

Los servicios de alquiler de automóviles con conductor utilizan por lo general Volvos y Mercedes. Se puede reservar un automóvil con conductor en Olivia and Posch (tel. 513 38 41) o Walter Tiller, c/o Viena Marriott Hotel (tel. 513 75 05).

Automóviles, averías de

Hay dos automóvil-clubs (con afiliados en todo el mundo) que tienen servicio de grúa durante las veinticuatro horas del día. En caso de necesitar ayuda, ponerse en contacto con OAMTC, Schubertring 1-3, A-1010-Wien (tel. 71 19 90); o ARBO, Mariahilfer Strasse 80, A-1150-Wien (tel. 85 35 35).

Camping

En los alrededores de la ciudad hay cinco campings importantes. Los más próximos son: **Campingplatz Wien West I,** Hüttelbergstrasse 40, A-1140 Wien (tel. 94 14 49) (abierto: de junio a septiembre; situado a 6 km del centro de la ciudad); **Campingplatz Wien West II,** Hüttelbergstrasse 80, A-1140 Wien (tel. 94 23 14) (abierto: todo el año; situado a 6 km del centro de la ciudad); **Campingplatz Wien Sud,** Breitenfurfter Strasse 269, A-1230 Wien (tel. 86 92 18) (abierto: de mayo a septiembre; situado a 7 km del centro de la ciudad).

Correos

Las oficinas de correos aparecen en las páginas amarillas de la guía telefónica bajo el encabezamiento "Post". Suelen estar abiertas de lunes a viernes, de 8.00 h a 18.00 h.

La oficina central y la lista de correos están en Fleischmarkt 19. Hay también oficinas abier-

Paseando en fiacre por la ciudad.

tas por la noche y los fines de semana en las principales estaciones de ferrocarril. Se ofrece información postal en el teléfono 83 21 01.

Los sellos se pueden adquirir en las ventanillas y en las máquinas automáticas de todas las oficinas de correos y en los estancos.

Se pueden enviar telegramas desde la oficina central de telégrafos, sita en Börseplatz 1, desde las oficinas de correos y por teléfono.

Culto, lugares de

La mayoría de los austríacos son católicos, pero existen templos de otras religiones. Las misas dominicales suelen celebrarse con gran pompa, y en la mayoría de las iglesias se acompañan con música orquestal y coral.

Anglicanos: Jauresgasse 17-19, 1030-Wien (tel. 73 15 75).
Católicos: información en el tel. 515 52 375.
Evangelistas: información en el tel. 52 83 92.
Islámicos: Am Hubertusdamm 17-19, 1210-Wien (tel. 30 13 89), o Turkenstrasse 3, 1090-Wien (tel. 34 46 25).
Judíos: Seitenstättengasse 4, 1010-Wien (tel. 36 16 559).
Luteranos: información en el tel. 51 28 392.
Metodistas: información en el tel. 78 63 67.
Mormones: información en el tel. 37 32 57.

Electricidad

220 V en todo el país. Enchufes de tipo normal.

Embajadas y consulados

Embajada de España en Viena: 1040, Argentinier Strasse, 34; Viena (tel. 505 57 80).

...ACIONES PRÁCTICAS

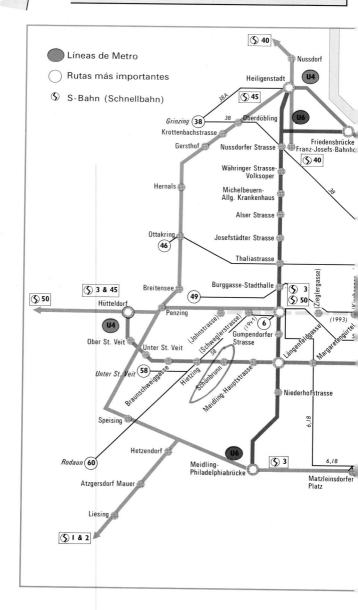

- Líneas de Metro
- Rutas más importantes
- Ⓢ S-Bahn (Schnellbahn)

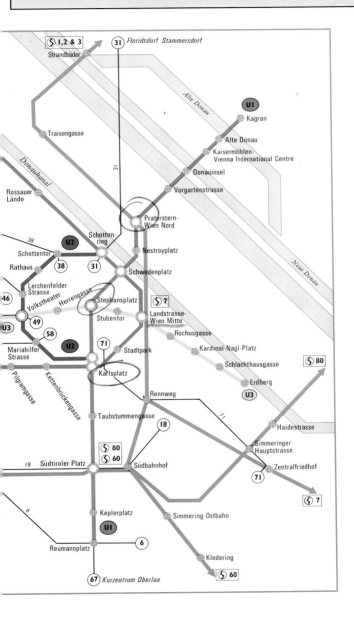

INFORMACIONES PRÁCTICAS

Monumento a Johann Strauss.

Embajada de Austria en Madrid: Paseo de la Castellana, 91; 28046-Madrid (tel. 556 53 15).

Consulado de Austria en Barcelona: Mallorca, 286; 08037-Barcelona (tel. 257 36 14).

Consulado de Austria en Valencia: Francisco Cubells, 43; 46011-Valencia (tel. 367 16 58).

Consulado de Austria en Málaga: Occidente, 1; 29639-Benalmádena-Costa. Málaga (tel. 44 39 52).

Consulado de Austria en Las Plamas: Hotel Eugenia Victoria, avenida de Gran Canaria, 26, Playa del Inglés; Las Palmas (tel. 76 25 00).

Consulado de Austria en Bilbao: Club, 8, bajo; aptdo de correos 146; 48930-Las Arenas. Bilbao (tel. 464 07 63).

Consulado de Austria en Sevilla: Marqués de Parada, 26; 41001-Sevilla (tel. 222162).

Consulado de Austria en Palma de Mallorca: Pedro Dezcallar y net; 07003-Palma de Mallorca (tel. 721218).

Consulado de Austria en Santa Cruz de Tenerife: San Francisco, 17; 38002-Santa Cruz de Tenerife (tel. 24 37 99).

Farmacias

Las farmacias *(Apotheke)* están abiertas de lunes a viernes, de 8.00 h a 12.00 h y de 14.00 h a 18.00 h. Todos los establecimientos tienen un cartel con las farmacias de guardia más cercanas. En caso de urgencia, se puede llamar al tel. 15 50. La Internationale Apotheke, Kärntner Ring 15 (tel: 512 28 25), cuenta con personal que habla idiomas.

Fiestas (civiles y religiosas)

Año Nuevo: 1 de enero; Reyes: 6 de enero; lunes de Pascua, Viernes Santo (algunas tiendas abren) y día de la Ascensión: variable; fiesta del Trabajo: 1 de mayo; lunes de Pentecostés y Corpus Christi: variables; Asunción: 15 de agosto; Fiesta nacional: 26 de octubre; Todos los Santos: 1 de noviembre; Inmaculada Concepción: 8 de diciembre; Navidad: 25 de diciembre; San Esteban: 26 de diciembre.

Hora oficial
Respecto al horario del meridiano de Greenwich, Austria tiene una hora de adelanto en invierno y dos en verano.

Horarios
Los **bancos** están abiertos de lunes a viernes, de 8.00 h a 15.00 h (los jueves hasta las 17.30 h). Algunas sucursales cierran a la hora de la comida (de 12.30 h a 13.30 h).
Las horas de apertura de los **Museos** varían mucho de unos a otros, pero el horario más normal es de lunes a viernes, de 9.00 h o 10.00 h a 15.00 h o 16.00, y sábados y domingos, de 9.00 h a 13.00 h. Algunos abren los lunes.
Las **farmacias** abren de lunes a viernes, de 8.00 h a 12.00 h y de 14.00 h a 18.00 h, y los sábados, de 8.00 h a 12.00 h.
Las **oficinas de Correos** abren de lunes a viernes, de 8.00 h a 18.00 h. Algunas abren también los sábados, de 8.00 h a 12.00 h.
Los **comercios** suelen abrir de lunes a viernes, de 9.00 h a 18.00 h, y los sábados, de 9.00 h a 12.00 h. Las tiendas de alimentación abren por lo general muy temprano, a las 7.00 h concretamente, pero cierran a la hora de la comida (12.30 h a 15.00 h). Las tiendas situadas en las estaciones ferroviarias de Westbahnhof y Südbahnhof abren todos los días, de 7.00 h a 23.00 h.

Lavabos
Hay aseos públicos en las principales calles y plazas y, por supuesto, en los cafés. En algunos casos se cobra una cantidad simbólica por utilizar jabón y toallas de papel, y en muchos sitios las puertas del lavabo se abren con monedas. Se distinguen por la señal WC u otros símbolos internacionales o, si no, por las palabras *Damen* (señoras) y *Herren* (caballeros).

Llegadas
Para permanecer en Austria hasta tres meses sólo hace falta el pasaporte. Para entrar no es necesario ningún tipo de vacuna. El aeropuerto internacional de Schwechat está situado a 19 km del centro (a 30 minutos en coche) y también recibe vuelos nacionales. El edificio es moderno y tiene bancos, restaurantes, bares y tiendas, así como una oficina de información turística. Las compañías que tienen vuelos directos a Viena o desde Viena son:
Iberia: salida desde Madrid a las 13.30 h; diario y con escala en Barcelona hasta el día 15 de julio; y, a partir del 16 de julio, salida desde Madrid a las 9.15 h, diario y directo.
Austrian Airlines: salida desde Madrid a las 8.00 h todos los días excepto miércoles y domingos; salidas desde Barcelona a las 8.05 h, todos los días excepto martes, sábados y domingos.
Ocean Airlines: Salidas diarias desde Madrid excepto miércoles y domingos.
Además del taxi hay varios medios de transporte público

INFORMACIONES PRÁCTICAS

para ir del aeropuerto a la ciudad: un servicio regular de autobuses hasta la Terminal Aérea (en el hotel Hilton) cada media hora, desde las 6.00 h hasta las 8.00 h, y cada 20 m, desde las 8.00 h hasta las 19.20 h. También funciona para los vuelos que llegan después de las 19.20 h. Un servicio adicional conecta el aeropuerto con las estaciones de ferrocarril de Westbahnhof y Südbahnhof, con autobuses que pasan cada media hora, desde las 7.00 h hasta las 19.00 h. También hay microbuses con destino a los hoteles y a otros puntos de la ciudad; las plazas se pueden reservar a la vez que el vuelo o la habitación del hotel, o en el mismo aeropuerto. Por último, hay un servicio de trenes entre el aeropuerto, Wien Mitte (terminal aérea) y Wien Nord, cada hora, desde las 7.30 h hasta las 20.30 h. Los trenes tardan aproximadamente media hora y son más baratos que los autobuses.

Minusválidos

Viena ofrece bastantes facilidades a los visitantes minusválidos. En muchos hoteles hay habitaciones especiales para ellos y todos los museos importantes tienen rampas para las sillas de ruedas. Allgemeine Unfallversicherungsanstalt, Adalbert Stifter Strasse 65, A-1200 Wien (tel. 33 01), es una organización nacional que representa a las personas minusválidas y les ofrece toda la información necesaria.

En el aeropuerto internacional de Viena hay folletos de las líneas aéreas austríacas con información para minusválidos. La mayoría de las instalaciones del aeropuerto, incluidos los lavabos y restaurantes, está preparada para este tipo de visitantes.

Los ferrocarriles federales austríacos disponen para su uso en los trenes de sillas de ruedas portátiles. Se reservan (gratuitamente) con tres días de antelación como mínimo en cualquier estación de ferrocarril austríaca.

Moneda

La unidad monetaria de Austria es el chelín austríaco, que consta de 100 groschen. Hay monedas de 1, 10 y 50 groschen, y de 1, 5, 10 y 20 chelines. Los billetes son de 20, 50, 100, 500, 1.000 y 5.000 chelines. Hay oficinas de cambio *(Wechsel)* que abren diariamente en el aeropuerto de Schwechat (de 6.30 h a 23.00 h), en la terminal aérea (de 8.00 h a 12.30 h y de 14.00 h a 18.00 h), en la Westbahnhof (de 7.00 h a 22.00 h) y en la Südbahnhof (de 6.30 h a 22.00 h). También se puede cambiar en muchas agencias de viaje en horas de oficina. Los bancos abren de lunes a viernes, de 8.00 h a 15.00 h (los jueves hasta las 17.30 h). Muchas sucursales cierran a la hora de comer (de 12.30 h a 13.30 h).

Se aceptan todas las tarjetas de crédito importantes y los cheques de viaje, pero no los cheques personales, a no ser que se tenga una cuenta de Eurocheques.

En gastos de más de 1.000 schillings en objetos que se van a sacar del país, se puede pedir

La nave y el altar mayor de la catedral de San Esteban.

la devolución del IVA, lo que supone un ahorro entre el 15% y el 25%. Para ello el dependiente del establecimiento donde se realiza la compra debe rellenar el impreso U34, que hay que presentar en la aduana y enviarlo después a la tienda para obtener el reembolso de la cantidad por cheque o transferencia bancaria.

Si se viaja en coche a otro país, hay que presentar el impreso sellado en la **Oficina Austríaca del Automóvil Club.**

Objetos perdidos

La Oficina de Objetos Perdidos (Zentrales Fundbüro) está en Wasagasse 22 (tel. 31 66 11). La mayoría de los vieneses son honrados y llevan a esta oficina lo que se encuentran.

INFORMACIONES PRÁCTICAS

Los artículos olvidados en tranvías y autobuses se pueden recoger al cabo de tres días en la oficina de objetos perdidos del Consorcio de Transportes de Viena (tel. 65 900 30).

Para los objetos olvidados en los taxis hay que llamar a los números de *Funk-Taxi* (radiotaxi), y para los perdidos en trenes, ponerse en contacto con la oficina correspondiente de los ferrocarriles austríacos, sita en Westbahnhof, Langauergasse 2.

Ocio y espectáculos, información de

Hay información en los periódicos; en la revista turística *Vienna Life*, publicación mensual y gratuita, y en los folletos de la Oficina de Turismo de Viena. Las entradas *(Karten)* se adquieren directamente en taquilla, en agencias privadas *(Theaterkartenburo)*, o en los principales hoteles (en este caso hay que pagar algo más). Las entradas para conciertos y teatros se pueden comprar con antelación en el **Servicio de Despacho de Entradas,** Linke Wienzeile 4, 1060-Wien (téngase en cuenta que se agotan enseguida).

Österreichischer Bundestheaterverband Bestellburo (Oficina de Venta de Entradas de los

El teatro de la Ópera del Estado.

Teatros Nacionales), Hanusch-gasse 3/Goethegasse 1, 1010-Wien (tel. 53 240), proporciona entradas con una semana de adelanto para la Staatsoper (ópera), la Volksoper (opereta), el Burgtheater y el Akademiet-heater. Para las actuaciones de la Escuela Española de Equita-ción y de los Niños Cantores de Viena hay que sacar las entra-das con mucha antelación.

Policía
La policía *(Polizei)* lleva cha-queta y gorra verdes y panta-lones negros, y sus coches son blancos. Es fácil de distinguir de la policía de tráfico, que lle-va gorra blanca y, en verano, chaqueta del mismo color. Quien aparque en zonas pro-hibidas tendrá que vérselas con los *Politessen*, una policía especial vestida con chaqueta azul. Las multas se tendrán que pagar en el acto. En caso de emergencia, el teléfono de la policía es el 133.

Prensa, radio y televisión
Los principales periódicos aus-tríacos son *Die Presse*, *Kurier*, *Neue Kronenzeitung* y *Stan-dard*. Se venden publicaciones en otros idiomas (a veces del día) en las estaciones de ferro-carril y en los quioscos del cen-tro de la ciudad. Se pueden comprar libros y periódicos en **Morawa Buch und Presse,** Wollzeile 11; y **Shakespeare & Co,** Sterngasse 2.

Propinas
En los hoteles y en los restau-rantes está incluido el servicio, pero suele dejarse una peque-ña propina. Los taxistas y otros profesionales, como los pelu-queros, etc., esperan una pro-pina de entre el 10% y el 15%.

Sanidad
Conviene hacerse un seguro médico antes de emprender el viaje. Los principales hoteles cuentan con servicios médi-cos; si no, consúltense en las páginas amarillas de la guía telefónica los apartados *Arzt-notdienst* (médicos de urgen-cia) y *Spital* (hospitales).

Seguridad ciudadana
Viena es una ciudad próspera cuyo índice de delincuencia es bajo; no obstante, es preferible vigilar los objetos de valor. La policía es rápida y eficiente cuando se la llama; en caso de robo del pasaporte, proporciona un certificado para presentar en el consulado.

Teléfonos
Hay teléfonos *(Fernsprecher)* públicos por toda Viena. Las cabinas no pasan desapercibi-das, pues se distinguen por un llamativo auricular negro ins-crito en un círculo amarillo. Todas ellas tienen instruccio-nes en varios idiomas, pero sólo en algunas se pueden hacer llamadas de larga dis-tancia. Para éstas, la tarifa es más baja por la noche y los fines de semana. Las llamadas a cobro revertido tienen que hacerse desde locutorios, como el que está abierto las veinticuatro horas del día en la oficina central de Correos, Fleischmarkt 19. Muchos telé-fonos funcionan con tarjetas *(Telephonwertkarten)*. Para llamar al extranjero, hay que

márcar el 08, seguido del código del país, el código regional y el número del abonado. Para llamar a España desde Viena, el código es 08-34 más el código provincial (sin el 9) y el número del abonado y para llamar de España a Viena, el 07-43-1-222. Para llamar a Viena desde cualquier lugar de Austria hay que marcar el 0222. El número de información en Austria es el 16; el de información internacional y llamadas directas al extranjero, el 08, y el de llamadas internacionales por operadora, el 09. Los teléfonos de urgencia y otros números útiles se encuentran en la primera página de la guía telefónica.

Tercera edad
A las personas mayores se les hacen descuentos en los viajes y en las entradas a los museos.

Transporte público
Viena tiene una excelente red de transporte público, compuesta de autobuses, tranvías, metro (U-Bahn) y suburbano. Hay mapas de la red en las principales paradas y en la oficina central de transportes, en Karlsplatz.
Se recomienda a los visitantes adquirir la 24-Stunden-Netz-Karte, tarjeta barata que permite viajar sin limitaciones durante un período de veinticuatro horas. Para que tenga validez hay que sellarla antes del primer viaje en una cabina de color naranja, llamada *Entwerter*, que hay en toda la red. Se adquiere en las oficinas de información turística, en los quioscos de periódicos y

en las ventanillas del servicio de transporte.
Los grupos pueden sacar la 8-Tage-Streifenkarte, tarjeta útil para múltiples usuarios y de 8 días de duración. Tiene una casilla por día y pasajero, que hay que sellar siempre al comenzar el primer viaje de la jornada. Se vende en los mismos sitios que la de 24 horas, así como en las máquinas de billetes de las estaciones de metro y en los estancos *(Tabak/Trafik)*. Se puede ahorrar la tercera parte del billete sencillo comprando tacos de cuatro. Los billetes adquiridos en máquinas al emprender el viaje muestran la línea, la hora y la fecha. Los de los tacos no son válidos si no se presentan antes en una *Entwerter*. El billete sencillo sellado sirve para un viaje en una dirección, incluidos todos los transbordos necesarios.
Los **autobuses** del centro están marcados con una A; la B indica que el servicio es suburbano. Los nocturnos (N) salen de Schwedenplatz.
Hay 35 líneas de **tranvía** y, al igual que los autobuses, la mayoría no lleva cobrador (se indica con la palabra *Schaffnerlos* en la parte trasera). Si se lleva billete hay que subir por la puerta que dice *Entwerter*; si no, se entra por delante para adquirirlo (con el dinero exacto) en una máquina o por medio del conductor. Si el tranvía lleva cobrador, hay que entrar por la puerta trasera.
El **metro** ofrece un servicio muy eficaz entre los principales puntos de la ciudad. Los billetes se compran en las venta-

nillas de las estaciones o en máquinas. El servicio de trenes interurbanos, **Stadtbahn**, es en parte subterráneo.

Los trenes suburbanos, **Schnellbahn**, salen desde la Südbahnhof hacia todos los distritos de las afueras de la ciudad. Hay una tarifa única para todos los destinos dentro de Viena, mientras que las demás dependen del recorrido.

Hay paradas de **taxis** en las zonas más concurridas de la ciudad, como las estaciones de ferrocarril, y también se pueden parar por la calle. Para pedir un taxi por teléfono hay que marcar el 313 00, 601 60 o 401 00.

Turismo, oficinas de

Para obtener información antes de emprender el viaje, se puede acudir a la representación de la **Oficina Nacional de Turismo Austríaca** o escribir directamente a la Oficina de Turismo de Viena. Las direcciones en España son:

Plaza de España, Torre de Madrid, planta 11ª; 28008-Madrid (tel. 247 89 24).

Plaza del Doctor Letamendi, 37, 7º, 3ª; 08007-Barcelona (tel. 451 27 49).

La Oficina de Turismo de Viena está en Obere Augartenstrasse 40, A-1205 Wien (tel. 21 11 40). Hay una oficina de información turística en el aeropuerto internacional (abierto: todos los días, de 8.30 h a 22.00 h o 23.00 h, según la época del año), y también en la Kärntnerstrasse 38 (abierto: todos los días, de 9.00 h a 19.00 h; tel. 513 88 92). Si se llega a Viena en coche por el oeste, se puede

obtener información en la salida Wien Auhóf de la autopista A1 (abierto: todos los días, de 8.00 h a 18.00 h o 22.00 h, en verano), y si se llega por el sur, en la salida Wien Zentrum de la autopista A 2 (abierto: todos los días, de 9.00 h a 19.00 h, en invierno; y de 8.00 h a 22.00 h, en verano).

Urgencia, teléfonos de

Ambulancias (Krankenwagen): 144.

Urgencias médicas: 55 00 o 53 11 53.

Bomberos: 122.

Farmacias: 15 20.

Policía (Polizei): 133.

Viajes para jóvenes y estudiantes

Los portadores de carnet de estudiante obtienen descuentos en algunos transportes y en la entrada a los museos. Hay una oficina especial de información para jóvenes en Viena, **Jugend-Info Wien**, Dr Karl-Renner-Ring/Bellaria Passage (abierto: de lunes a viernes, de 12.00 h a 19.00 h, y los sábados, de 10.00 h a 19.00 h; tel. 96 46 37). Se ofrece en ella información sobre alojamientos baratos, albergues de juventud, restaurantes económicos y otros servicios. También se pueden adquirir en ella entradas para conciertos y espectáculos en general a precios reducidos. En las oficinas de información turística hay una revista gratuita, *Youth Scene Vienna*, con informaciones prácticas, nombres y direcciones de hoteles, restaurantes, salas de conciertos y tiendas para jóvenes.

IDIOMA

El idioma oficial de Austria es el alemán. Hay pocas diferencias en como lo escriben los alemanes y los austríacos, pero muchas y muy notables a la hora de hablarlo. Existen varios acentos regionales, y el vienés es el más particular. No está de más dirigirse a las señoras con la frase *Gnädige Frau* (encantadora señora), acompañada de *Küss die Hand* (beso su mano), tanto si el caballero en cuestión hace ademán o no de cumplir lo que dice.

Muchos vieneses hablan inglés u otros idiomas, pero siempre saben agradecer el esfuerzo de quienes intentan comunicarse con ellos en su idioma y por ello conviene conocer algunas palabras y frases básicas.

Pronunciación
Vocales
ä: como la e española
äu y **eu:** *oi,* como en *hoy*
ei y **ey:** *ai,* como en *fraile*
ie e **ih:** *i larga,* como en *silla*
ö: como la *eu* francesa
ü: como la *u* francesa

Consonantes
ch: como la *j* argentina
g: como la española en *gato*
h (inicial): aspirada, como una *j* suave
h (intercalada): muda
j: como la *y*
ll: como la *l*
ph y **pph:** como *f*
qu: como *cu* en *cuento*
r y **rr:** como en *caro*
sch: silbante como la *ch* andaluza
ß: como una *s*
tsch: como la *ch* española

v, en voces alemanas: como *f*
v, en voces extranjeras
y **w:** como la *v* española
z: como *ts*

Palabras y frases útiles
Guten Morgen: buenos días
Guten Tag: buenos días
Guten Abend: buenas tardes
Gute Nacht: buenas noches
Auf Wiedersehen: adiós
Ja: sí
Nein: no
Bitte: por favor
Danke: gracias
Gross: grande
Klein: pequeño
Kalt: frío
Offen: abierto
Geschlossen: cerrado
Morgen: mañana
Gestern: ayer
Heute: hoy
Wann?: ¿cuándo?
Wer?: ¿quién?
Wo?: ¿dónde?
Wie?: ¿cómo?
Wie lange?: ¿cuánto tiempo?
Rechts: derecha
Links: izquierda

Probablemente, la mayor dificultad con que se encuentra el viajero en el terreno del idioma sea la lectura de la carta de los restaurantes. En pocos restaurantes se presenta la carta traducida, por lo que será obligada la consulta de un diccionario de viaje si se quiere estar seguro de lo que se pide.

Los principales apartados de un menú son:

En el restaurante
Kalte Vorpeisen: entremeses
Brot: pan
Suppen: sopas

Fische: pescado
Schalen und Krustentiere:
  mariscos
Fleisch: carne
Gemüse: verduras
Beinfleisch:
  estofado de vaca
Rindfleisch:
  carne de vaca
Rostbraten:
  carne de vaca asada
Kalbfleisch: ternera

Schinken: jamón
Schweinefleisch: cerdo
Geflügel: aves
Ente: pato
Händel: pollo
Wild: caza
Süsspeisen o **Mehispeisen:**
  postres
Erdäpfel o **Kartoffeln:** patatas
Kässe: queso
ein Bier: una cerveza
Weisswein: vino blanco

ÍNDICE

Abadía de
Heiligenkreuz, 69
Academia de Bellas
Artes, 17
Academia de
Ciencias, 18
Aduanas, 110
Aerobics, 108
Agencias de
viajes, 110
Akademie der
Bildenden Künste,
17
Albertina, 17
Alojamientos, 94
Amalienburg,
palacio, 28
Antigua
Universidad, 18
Alte Donau, 53
Alte Schmiede, 18
Alte Universität, 18
Altes Rathaus, 18
Ankeruhr, 18
Antigüedades, 92
Augustinerkirche, 18
Automóviles, 111
Automóviles,
averías, 112
Automóviles,
alquiler, 112
Automóviles con
conductor, 112
Ayuntamiento, 45

Babenberg, 66
Bäckerstrasse, 20
Baden, 63
Balneario, 63
Ballhausplatz, 20
Ballet, 102
Bancos, 117
Barcos-
restaurantes, 85
Bebidas, 88
Beethoven
en Viena, 53
Beethoven-
Erinnerungsräme,
21
Beisls, 88
Belvedere, 56
Biblioteca Nacional, 28
Bicicleta, 107
Boleras, 109

Bömische
Hofkanzlei, 29
Bosques
de Viena, 78
Breitenbrunn, 72
Bundes-
Mobiliensamm-
lung, 21
Burgkapelle, 21
Burgtheater, 22

Caballos
lipizzanos, 49
Cabarets, 99
Cafés, 85
Cámara Carolina, 35
Cámara
de Fernando I, 38
Cámara de los
Ángeles, 35
Cámara de los
Fundadores, 35
Cámara Leopoldina,
35
Cámara
Toscana, 38
Camesinahaus, 23
Camping, 106
Canal de Einser, 76
Cancillería Imperial
Bohemia, 29
Cancillería Real, 28
Capilla del Castillo,
21
Capilla Tirna, 51
Carnuntum, 67
Carretera del vino, 65
Casa Jordanhof, 32
Catedral de San
Esteban, 50
Ciclismo, 109
Cine, 99
Clima, 103
Cocina oriental, 83
Columna
de la Peste, 26
Columna de María, 45
Comida, 79
Comida rápida
y económica, 85
Compras, 91
Conciertos, 99
Correos, 112
Costumbres
locales, 103

Cripta de los
corazones, 20
Cuándo ir, 103
Culto, lugares de, 113

Deportes, 109
Deportes
acuáticos, 106
Descuentos, 123
Deutschordenskirche,
22
Discos, 93
Discotecas, 99
Dominikanerkirche,
65
Donaupark, 58
Donauturm, 59
Dorotheum, 91
Dürnstein, 63

Einser, canal de, 76
Eisenstadt, 65
Electricidad, 113
Embajadas y
consulados, 113
Embarcaciones, 109
Equitación, 109
Erlach,
J.B. Fischer von, 11
Escuela Española de
Equitación, 106
Esterhazy, palacio, 65

Fahnrichshof, 22
Farmacias, 116
Fiaker, 17
Fiestas civiles
y religiosas, 116
Fiestas
y celebraciones, 107
Figarohaus, 22
Finanzministerium, 23
Fleischmarkt, 24
Flora y fauna, 71
Franziskanerplatz, 24
Freud, casa de, 58
Freyung, 25
Fuente de
Andrómeda, 18
Fuente de Austria, 25
Fuente Nupcial, 28
Gainzer
Tiergarten, 105
Gastronomía, 79
Geymüller Schössl, 59

Gloriette, 63
Golf, 109
Graben, 26
Griechenbeisl, 24
Grinzing, 89
Guarderías, 104
Gumpoldskirchen, 67

Haas-Haus, 52
Habsburgo, los, 8
Habsburgo, Tesoro, 46
Harrach, palacio, 25
Haus der Gesellschaft
  der Musikfreunde,
  27
Haydn Museum, 59
Heidentürme, 51
Heiligenkreuz,
  abadía de, 69
Heiligenstadt, 89
Heladerías, 87
Heldenplatz, 28
Herrengasse, 25
Herzgrüfter, 20
Heurigen, 89
Hinterbruhl, 68
Hípica, 109
Historisches Museum
  der Stadt Wien, 59
Hofburg, 27
Hoftafel und
  Silberkammer
  Museum, 28
Hohe Wand, 77
Hoher Markt, 28
Hora oficial, 117
Horarios, 117
Hoteles de cuatro
  estrellas, 96
Hoteles de lujo, 95
Hoteles de tres
  estrellas, 96
Hoteles de una y dos
  estrellas, 96
Idioma, 124
Iglesia de la
  Asunción, 20
Iglesia de los
  Capuchinos, 35
Iglesia de los
  Escoceses, 25
Iglesia de los
  Franciscanos, 24
Iglesia de San
  Agustín, 18

Iglesia de San Carlos
  Borromeo, 38
Iglesia de San
  Miguel, 42
Iglesia de
  San Pedro, 44
Illmitz, 71
Informaciones
  prácticas, 110
Innere stadt, 17

Jardines
  del palacio de
  Schönbrunn, 71
Jazz blues
  y country, 101
Jedlersdorf, 90
Josefsplatz, 29
Josephinum, 59
Joyas, 93
Judenplatz, 29

Kaiserappartements,
  33
Kaisergruft, 35
Kapuzinerkirche, 35
Karlskirche, 38
Kärntnerstrasse, 40
Klosterneuburg, 65
Konditorei, 86
Krems, 65
Kuenringerburg, 64
Kunsthistorisches
  Museum, 40
Kurpark, 63

Lainzer Tiergarten, 78
Lange Lacke, 74
Lavabos, 117
Leopoldinischer Trakt,
  28
Librerías, 92
Lobmeyr, 42
Locales especiales,
  101
Loos-Haus, 42
Lugares de interés, 17
Lusthaus, 60
Llanuras húngaras, 71
Llegadas, 117

Marchegg, 76
Maria am Gestade, 42
Mariensäule,
  columna, 45

Mauer, 90
Mayerling, 68
Melk, 66
Mercadillos, 94
Michaelerkirche, 42
Ministerio
  de Economía, 23
Minusválidos, 118
Mödling, 67
Moneda, 118
Mozart, W. Amadeus,
  22
Museo de Arte
  Medieval, 57
Museo de Arte
  Moderno, 58
Museo de Artes
  Aplicadas, 43
Museo Barroco, 57
Museo de Éfeso, 44
Museo Etnológico, 44
Museo de Historia de
  la Medicina, 59
Museo de Historia
  Natural, 43
Museo de la Cultura
  Austríaca, 44
Museo de muñecas y
  juguetes, 104
Museo del Circo y los
  payasos, 104
Museo del Prater, 60
Museo del Siglo XX,
  59
Museo de
  Instrumentos de
  Música Antiguos, 45
Museos, 104
Museum des 20.
  Jahrunderts, 59
Museum für
  Angewandte
  Kunst, 43
Museum für
  Völkerkunde, 44
Museum
  Mittelalterlicher
  Österreichischer
  Kunst, 57
Música clásica, 99
Música latina, 102

Natación, 109
Naturaleza
  y paisaje, 71

ÍNDICE

Naturhistorisches
    Museum, 43
Neue Hofburg, 43
Neusiedler, lago, 72
Neustift am Walde, 90
Niños, 104
Niños cantores
    de Viena, 106
Nouvelle cuisine, 85
Nueva Cámara, 38
Nussdorf, 89

Oberes Belvedere, 58
Oberstinkersee, 74
Objetos perdidos, 119
Ocio y espectáculos,
    98
Ocupación francesa,
    la, 11
Oficinas
    de Turismo, 123
Ópera, 102
Orangerie, la, 57
Österreichische
    Galerie der 19 und
    20. Jahrunderts, 58
Österreichisches
    Barockmuseum, 57

Pabellón de Recreo, 60
Palacio
    Amalienburg, 28
Palacio Harrach, 25
Palacio Pálffy, 29
Palacio Pallavicini, 29
Panteón Imperial, 35
Patinaje
    sobre hielo, 109
Parques, 104
Pastelerías, 86
Pensiones, 97
Perchtoldsdorf, 67
Pestsäule, columna, 26
Peterskirche, 44
Petronell, 67
Planetario, 104
Platz am Hof, 44
Plaza de los Héroes, 28
Podersdorf-am-See, 72
Policía, 121
Pozo Hermoso, 62
Prater, 60
Prensa, 121

Presupuestos
    ajustados, 106
Propinas, 121
Prunksaa, 129
Pueblos, 71
Puerta del Gigante,
    51
Pummerin,
    campana, 51
Radio, 121
Rathaus, 45
Regalos, 93
Reichskanzlei, 28
Relojes Sobek, 59
República, la, 14
Reserva Natural
    de Machauen, 76
Restaurantes
    austríacos, 81
Restaurantes de la
    Europa del Este, 82
Restaurantes
    de lujo, 81
Restaurantes
    vegetarianos, 84
Riesentor, 51
Riesenrad, 60
Ringstrasse, 5
Ropa y tejidos, 92
Rust, 71

Salmannsdorf, 67
Sammlung Alter
    Musikinstrumente,
    45
Sanidad, 121
Schatzkammer, 46
Schönbrunn, 60
Schönner Brunnen, 62
Schottenkirche, 25
Schubert, Franz, 18
Schubert Museum, 63
Schweizerhof, 47
Seewinkel, región, 74
Seguridad
    ciudadana, 121
Serapionstheater, 106
Sezession, 48
Sievering, 67
Sobek, relojes, 59
Spanische
    Reitschule, 48
Squash, 109

St Marxer Friedhof, 63
Staatsoper, 49
Stallburg, 50
Stammersdorf, 90
Stephansdom, 50
Stock im
    eisem Platz, 52
Taberna
    de los griegos, 24
Tadten, llanura de, 75
Teatro, 102
Teléfonos, 121
Televisión, 121
Templo
    del Jugendstil, 48
Tenis, 109
Tercera edad, 122
Tesoro de los
    Habsburgo, 46
Tirna, capilla, 51
Torres de los
    Paganos, 51
Torre del Águila, 51
Torre del Danubio, 59
Torre Meridional, 51
Transporte, 107
Transporte público,
    122
Turismo, oficinas, 123

Urgencia,
    teléfonos de, 123
Urhenmuseum, 53

Viajes para jóvenes y
    estudiantes, 123
Vida nocturna, 107
Vindobona, 7
Votivkirche, 53
Vorstadt, 17

Wagenburg Museum,
    63
Weiden, 72
Weinstrasse, 65
Wiener Prater, 104
Wienerwald, 67
Winterreitschule, 49
World Wide Fund, 75

Zick Lacke, 74
Zicksee, 74
Zoológicos 104